DIREITO PENAL E DIREITO COMUNITÁRIO
O ORDENAMENTO COMUNITÁRIO
E OS SISTEMAS JUSCRIMINAIS DOS ESTADOS-MEMBROS

LUÍS DUARTE D'ALMEIDA
Assistente Estagiário da Faculdade de Direito da Universidade de Lisboa
ldalmeida@mail.fd.ul.pt

DIREITO PENAL E DIREITO COMUNITÁRIO
O ORDENAMENTO COMUNITÁRIO
E OS SISTEMAS JUSCRIMINAIS DOS ESTADOS-MEMBROS

ALMEDINA

TÍTULO:	DIREITO PENAL E DIREITO COMUNITÁRIO
	O ORDENAMENTO COMUNITÁRIO E OS SISTEMAS JUSCRIMINAIS DOS ESTADOS-MEMBROS
AUTOR:	LUÍS DUARTE D'ALMEIDA
EDITOR:	LIVRARIA ALMEDINA – COIMBRA
	www.almedina.net
LIVRARIAS:	LIVRARIA ALMEDINA
	ARCO DE ALMEDINA, 15
	TELEF. 239 851 900
	FAX 239 851 901
	3004-509 COIMBRA – PORTUGAL
	LIVRARIA ALMEDINA – PORTO
	R. DE CEUTA, 79
	TELEF. 22 205 9773
	FAX 22 203 9497
	4050-191 PORTO – PORTUGAL
	EDIÇÕES GLOBO, LDA.
	R. S. FILIPE NERY, 37-A (AO RATO)
	TELEF. 21 385 7619
	FAX 21 384 4661
	1250-225 LISBOA – PORTUGAL
	LIVRARIA ALMEDINA.
	ATRIUM SALDANHA
	LOJA 31
	PRAÇA DUQUE DE SALDANHA, 1
	TELEF. 213712690
	atrium@almedina.net
	LIVRARIA ALMEDINA – BRAGA
	CAMPOS DE GUALTAR
	UNIVERSIDADE DO MINHO
	TELEF. 253678822	braga@almedina.net
	4700-320 BRAGA – PORTUGAL
EXECUÇÃO GRÁFICA:	G.C. – GRÁFICA DE COIMBRA, LDA.
	PALHEIRA – ASSAFARGE
	3001-453 COIMBRA
	E-mail: producao@graficadecoimbra.pt
	AGOSTO, 2001
DEPÓSITO LEGAL:	169429/01

Toda a reprodução desta obra, por fotocópia ou outro qualquer processo, sem prévia autorização escrita do Editor, é ilícita e passível de procedimento judicial contra o infractor.

ÍNDICE

Introdução e razão de método 7
1. Supranacionalidade e interdisciplinaridade 9
2. A harmonização como imperativo de integração 15
3. O "défice democrático" comunitário e a legalidade criminal ... 25
4. O Direito comunitário sancionatório 37
5. Incidência penal do ordenamento juscomunitário nos ordenamentos nacionais: os efeitos "negativo" e "positivo" 43
6. O papel do legislador nacional: a construção das normas penais 53
Bibliografia citada 65

Introdução e Razão de Método

O tema das *relações* entre o ordenamento jurídico comunitário e o Direito penal dos Estados-membros é um campo de análise heterogéneo que tem, fragmentariamente, interessado as doutrinas penalista e comunitarista europeias desde há mais de uma década. Resulta aquela heterogeneidade de poderem ser nele identificados vários planos problemáticos, cada um deles relativamente autónomo, cada um deles conhecendo — na *praxis* jurídica comunitária — avanços ou recuos não dependentes da evolução verificada ao nível dos outros.

Assim, e metodologicamente, poderia no presente estudo ter-se optado pelo tratamento aprofundado de *um* desses planos problemáticos (trabalhando-se assim apenas, e *v.g.*, questões como a da viabilidade, abstracta e concreta, de movimentos harmonizadores ou unificadores do Direito penal dos Estados-membros; ou a de apurar qual o verdadeiro relevo rector, no tema, de um princípio de legalidade criminal nos termos em que vigora nas tradições constitucionais dos Estados-membros; ou a de rigorosamente saber que poder legiferante detém a Comunidade Europeia em matéria criminal; ou a da natureza jurídica das sanções comunitárias que podem actualmente ser previstas; ou a dos avanços e perspectivas da cooperação intergovernamental em matéria criminal; ou a das específicas relações normativas interordenamentais; ou, ainda, a das especificidades de técnica legislativa que condicionam o legislador nacional na redacção de normas penais conexas com a realidade comunitária). Uma tal opção estaria justificada pela natureza relativamente autónoma de cada um destes pontos, como se referiu.

Poderia, por outro lado, tentar-se dar, agora horizontalmente, um panorama da discussão que se vem travando naqueles vários planos, prescindindo-se do maior aprofundamento de cada um deles em favor de uma visão de conjunto, e obtendo-se — o que igualmente se fundamentaria, pela quase total novidade do tema na produção doutrinária portuguesa — um estudo de divulgação essencial que desse notícia dos vários nódulos científicos do tema.

Enveredou-se porém por uma via, decerto mais árdua de trilhar, de *síntese* das duas opções metodológicas assinaladas: isto porque, reconhecendo-se — como se expôs — a autonomia das questões, não será essa autonomia, como se referiu também, *absoluta*: das posições que se tomem em relação a cada uma dessas concretas questões poderão advir consequências (minimamente, consequências de orientação discursiva) no campo de várias das outras — e frequentemente sucede assim. Tentou-se, portanto, encontrar aqui o *ponto óptimo* de discurso (ficando prejudicado porventura o arejamento do texto, que muitas vezes se terá densificado muitíssimo em corpo e notas, em benefício do aprofundamento dos tópicos em discussão) numa repartição *horizontal* de capítulos sem que alguma vez se prescindisse da profundidade na análise; obtiveram-se, portanto, capítulos de *síntese* não estanques: antes unidos entre si por um *fio condutor* da exposição que, espera-se, se tornará patente.

Este estudo foi apresentado, na disciplina de Direito Penal, no curso de Mestrado em Ciências Jurídicas da Faculdade de Direito da Universidade de Lisboa, no ano lectivo de 2000/2001; agradeço à Professora Doutora Maria Fernanda Palma, a quem coube a regência daquela disciplina, a atenção e a orientação que sempre me dispensou.

Luís Duarte d'Almeida

1. SUPRANACIONALIDADE E INTERDISCIPLINARIDADE

Procurar a *harmonia* — ou a *unidade* — europeias, no Direito penal como em qualquer ramo do Direito, é averiguar da viabilidade de, detectando o homogéneo (que é o trigo) e desprezando o que, por contingência ou capricho político de Clio, difira (que é o joio), se traçar uma supranacionalidade sistemática sustentável [1].

Não releva contudo um tal traçado do domínio da escolha: os alicerces de um sistema juscriminal supranacional encontrar-se-ão necessariamente em interpretações, racionais e humanistas, dessa filosofia social e democrática (vinculada ao respeito pela dignidade pessoal e pelas garantias individuais) que caracteriza o actual Estado de Direito ocidental [2] e que, em particular, vem orientando a teleologia político-criminal e, por essa via, a dogmática juspenalista [3].

---

[1] Pretende Ulrich SIEBER surpreender nas democracias ocidentais do pós--*Aufklärung* uma verdadeira tendência juscriminal de centralização, identificando quase que um extenso *esprit du temps* orientado para encontrar refúgio na segurança da proposta de uma *unificação* fundamentada no património europeu em matéria de direitos fundamentais (1991: 971). Uma *internacionalidade intrínseca* do Direito penal (cfr. Antonio PAGLIARO 1968: 199) não pode de facto encontrar-se apenas, ou tão pouco pode fundar-se necessariamente (assim Saverio Paolo FRAGOLA/Pierfrancesco ATZORI 1990: 108), ou ainda fazer-se axiomaticamente derivar, de determinadas categorias conceptuais, se desprovidas ou afastadas dos seus suportes axiológicos (cfr. Jesús-Maria SILVA SÁNCHEZ 1995a: 12ss).

[2] Cfr. Saverio Paolo FRAGOLA/Pierfrancesco ATZORI 1990: 13 e 110; Santiago MIR PUIG 1995: 25ss; Sergio MOCCIA 1995: 81ss; Klaus TIEDEMANN 1987: 105; Jürgen WOLTER 1995: 39.

[3] Na senda de Claus ROXIN 1972: 77, onde pioneiramente se defende uma "penetración de la Política criminal en el ámbito jurídico de la Ciencia del Dere-

O que, inevitavelmente, conduzirá a uma *relativização*, ou *não universalização*, da mesma supranacionalidade[4].

Foi precisamente, embora de forma progressiva, por referência à *comunidade constitucional* dos Estados-membros da União Europeia que se gizou, mediante manobras de engenharia jurídica nas quais vem sendo pródigo o Tribunal de Justiça das Comunidades Europeias [TJCE], o actual quadro de *recepção* e de tutela, no plano do Direito comunitário positivo, dos chamados *direitos fundamentais*[5]. Afastar-se-ão por esta via os receios de que uma *comunicação*, uma *comunitarização*, coloque em causa tradições jurídicas sólidas e atendíveis dos Estados-membros[6]. Mas não se dará ouvidos às vozes que hasteiam a bandeira da *soberania* para veementemente se oporem à *invasão* juscomunitária: a considerações de soberania,

---

cho Penal"; também assim Sergio MOCCIA 1995: 76: o Direito penal surge *precisamente* de exigências de política criminal — as da promoção de uma coexistência pacífica entre os cidadãos.

[4] Tomar como ponto central de referência a comunidade de valores que subjaz às constituições ocidentais de hoje — comunidade de valores historicamente reportada à civilização grega, ao direito romano, ao cristianismo, alicerçada no fenómeno universitário europeu, na influência da Igreja, no legado do Iluminismo (cfr., novamente, Saverio Paolo FRAGOLA e Pierfrancesco ATZORI 1990: 10ss; Hans-Heinrich JESCHECK 1998: 226; Antonio PAGLIARO 1968: 199; Aglia TSITSOURA 1990: 138; e ainda Jürgen WOLTER 1995: 40) — delimita geográfico-temporalmente (assim Jesús-Maria SILVA SÁNCHEZ 1995a: 13) e ideologicamente (cfr. Sergio MOCCIA 1995: 78) essa supranacionalidade (comprometendo a *universalidade*, não a *europeização*: Mireille DELMAS-MARTY 1997c: 139), delimitação que, de novo, se reflecte no plano da política criminal, colocada ao serviço de fins intersubjectivos historicamente contingentes (cfr. Santiago MIR PUIG 1995: 26).

[5] Perante, sobretudo, as posições (justificadas) das instâncias constitucionais italiana e alemã, vieram os *direitos fundamentais*, tais como protegidos nas *tradições* constitucionais dos Estados membros, a ser tidos como *recebidos* nos *princípios gerais de Direito comunitário*; cfr. o art. 6.º do Tratado da União Europeia [T.U.E.]. Para uma visão da articulação com a Convenção Europeia dos Direitos do Homem, Estella BAKER 1998: 374; António Manuel de Almeida COSTA 1994: 201; Marco DARMON 1995: 23; Maria Luísa DUARTE 2000; Giovanni GRASSO 1991: 619ss, e 1993b: 67ss, e ainda Mireille DELMAS-MARTY 1997b: 10.

[6] Cfr. António Manuel de Almeida COSTA 1994: 199.

bastião de um nacionalismo primitivo, não se reconhecerá operatividade[7].

O que seja o *incontestavelmente comum* parece poder primeiramente encontrar-se na Convenção Europeia dos Direitos do Homem, embora não seja inteiramente coincidente com este o *paradigma comunitário* dos princípios intocáveis, ao menos no que à fonte de validade rectora respeita[8]; e, não sendo inconsequente o

---

[7] O que não quer dizer que daí não decorram efectivos obstáculos: apenas que não terão fundamento jurídico sólido. Nunca — é evidente — o conceito de *soberania* poderia ser esgrimido com total sucesso quando se tratasse de Direito comunitário; mas não seria de todo o modo claro que a mais *autêntica* manifestação de soberania nacional se viesse a descortinar no Direito Penal substancial, e não em outros instrumentos de controlo social, de estruturação judicial, de organização policiária; na clara expressão de Hans-Heinrich JESCHECK 1998: 239, a salvaguarda de direitos de soberania deve ceder o passo às exigências de tutela jurídica da União — e mais adiante se discutirá em que medida — sem que seja de recear-se uma perda de *identidade nacional*: funcionaliza-se a legalidade. Também Stefano MANACORDA 1995: 55 denuncia o *estatismo* do conceito de soberania, e relembra a evolução (que igualmente comporta factores de *internacionalização*, inclusivamente no que respeita à *política criminal* ou à *defesa*) das experiências do Conselho da Europa, da OCDE, da NATO, da UEO, do projecto de Comunidade Europeia de Defesa. No mesmo sentido, Enrique BACIGALUPO 1998: 51; Heike JUNG 1993: 237; ou Filippo SGUBBI 1996: 93 (e também 1990, identicamente). Em todo o caso, o argumento da soberania deve ser caracterizado como argumento *puramente político* — e não jurídico; são identicamente políticas as *susceptibilidades* estatais a que se refere Dietrich OEHLER 1991: 33. O que levou já a que se identificasse nesse mesmo elemento *político* o principal *obstáculo* a qualquer pretensão unificadora, ideia que não deixa de ser sugestiva: o politicamente infundado impedindo o juridicamente necessário (assim Antonio PAGLIARO 1968: 204), tomando aliás como significativo o exemplo do falhanço do referido projecto de Comunidade Europeia de Defesa; face ao mesmo exemplo, mas de uma perspectiva inversa — e, portanto, optimista — mas igualmente mais antiga, Giuseppe BETTIOL 1968: 14; cfr. ainda Hans-Heinrich JESCHECK 1968: 325.

[8] Mas muito mais interessante é observar a *novação* na sua força rectora de que beneficiaram os direitos fundamentais através da sua recepção juscomunitária, (re)constituindo-se como parâmetro de validade, novamente, dos Direitos nacionais; assim, *v.g.*, o que sucede com o Direito sancionatório nacional e as exigências, comunitárias, de *proporcionalidade*; sobre esta perspectiva, à qual se voltará, cfr. Giovanni GRASSO 1991: 629ss.

carácter *ordenamental* comunitário, relevariam — nesta sede de ponderação das margens e das necessidades de *harmonização* ou de *unificação* — considerandos de vínculo e consciência individual de *cidadania europeia*, não fosse suceder, como sucede, ser frouxo o nexo e nulo o sentimento [9].

Pode porém a política criminal, entendida como sistema de controlo social da criminalidade, renovar-se metodologicamente tomando como cenário essa virtual *consciência europeia*, o que permitiria aos juristas a *aprendizagem* e a *apreensão* críticas de soluções de outros Estados-membros e a humilde assunção da natureza permanentemente integrativa de qualquer tradição ou cultura nacionais [10]; a comunidade cultural permite o transnacionalismo jurídico e jurísgeno, e será decerto a porta a adentrar nas vias harmonizadora ou unificadora [11].

---

[9] Não se encontrarão, pois, por aqui, o *fundamento* ou a *necessidade* europeizantes (salienta-o também Hans-Heinrich JESCHECK 1998: 223: inexiste uma consciência de cidadania europeia por parte das populações dos Estados-membros); o programa de uma *união cada vez mais próxima entre os povos*, se ditou, em Maastricht, a consagração — por remissão: art. 17.º, n.º 1, do Tratado da Comunidade Europeia [T.C.E.] — de um acervo de direitos e liberdades que integra o estatuto de cidadania, não alcançou aquele plano, menos positivo; provavelmente não alcançará nunca, por não ser modernamente alcançável; se é verdade que o nível de *compatibilidade* de modelos e valores criminais já alcançado na Europa permite que um cidadão europeu, seja qual for a sua nacionalidade, exija um estatuto semelhante no que respeita a direitos humanos (cfr. Heike JUNG 1993: 238), não pode ver-se a harmonização como imperativo de dignidade de cidadania.

[10] Assim, com referência à experiência portuguesa, Jorge de FIGUEIREDO DIAS 1987: 87.

[11] Sobre esta comunidade de valores pode ver-se Klaus TIEDEMANN 1985: 1411; no sentido do que se deixou dito, Saverio Paolo FRAGOLA e Pierfrancesco ATZORI 1990: 13 e 108; Mireille DELMAS-MARTY 1990: 961; Pietro NUVOLONE 1968: 300 (embora, ainda que compreensivelmente, com previsões pouco acertadas quanto às — escassas — virtualidades de unificação em matéria de tutela penal de *interesses financeiros*); Antonio PAGLIARO 1968 e, do mesmo Autor 1993: 199 (também: 1995: 689); Ulrich SIEBER 1993: 248. Identifica este último Autor nos princípios juscriminais da Europa Ocidental os *pressupostos* de uma

Um tal modelo dogmático-criminal assente na ocidental ideologia do Estado social de Direito terá de significar, no que respeita à tutela dos direitos individuais, um complexo articulado de garantias, *formais* e *substanciais* [12]; ora a investigação e o raciocínio jurí-

---

eventual comunidade normativa e legiferante de incidência europeia; acompanham esta ideia Alessandro BERNARDI 1994b: 256, e 1997: 410; Enrique BACIGALUPO 1998: 53; cfr. ainda o mesmo Ulrich SIEBER 1999: 20, ao identificar nos princípios integrados na Convenção Europeia dos Direitos do Homem um *património* comum e, nessa medida, ao reconhecer-lhes virtualidades *harmonizadoras* intra e intersistemáticas. *Em sentido inverso*, e portanto com reservas, Stefan GLASER 1968: 389. Disparidades concretas existirão, naturalmente, e são assinaláveis, embora não pareçam demonstrativas de notáveis divergências de fundo, mas antes concretas (e contingentes, repita-se) opções normativas: assim nos campos, *v.g.*, da aplicação no espaço da lei penal, da valoração do erro, da punibilidade da tentativa, do crime impossível, da comparticipação, da responsabilidade de pessoas colectivas, da imputabilidade, do dolo eventual, da medida da pena, da articulação das medidas de segurança (cfr. Antonio PAGLIARO 1968: 196). Pode mesmo ver-se na *definição de crime* uma uniformidade formal, com maior ou menor tradução em aspectos de uniformidade material (cfr. José de SOUSA E BRITO 1995: 103), o que poderá inclusivamente ter-se como integrante de um *acquis européen*. Mas cabe salientar todavia que tudo isto é diverso de dizer-se — como contudo o diz Klaus TIEDEMANN 1998: 3 — que um sistema penal é apenas *mimimamente* técnica jurídica, sendo, sobretudo na sua parte especial, como que um *espelho negativo* dos valores e princípios de uma determinada sociedade; ora só o será, parece, através *precisamente* de técnica jurídica, e não por considerações do que seja a sensibilidade social: antes talvez por antecipação do que *passe a ser* se determinadas condutas não merecerem tutela penal; assim são crimes muitas condutas que não possuem, em termos do que marcadamente sejam a *cultura* ou a *sensibilidade* generalizadas de uma sociedade, apreensão emocional como tais, mas que não deixam de possuir dignidade jurídica, e jurídico-penal; a este propósito, Jorge de FIGUEIREDO DIAS 1987: 90, salienta — o que é diferente da proposta criticada — a fundamental importância de um princípio de congruência, ou de analogia estrutural, entre a ordem axiológica constitucional e a ordem legal dos bens jurídicos protegidos, que expressamente deverá determinar a subsidiariedade da intervenção penal.

[12] Cfr. Sergio MOCCIA 1995; de resto, característica basilar do Direito penal é o seu *formalismo* sistemático-hermenêutico (*idem*: 73). As lógicas de argumentação não serão as mesmas consoante se defina como objectivo um sistema unificado ou um sistema pluralista — i.e., um pluralismo de sistemas — (cfr.

dicos que em seguida se apresentem, sobre *fronteiras* e *aberturas*, *exigências* e *concessões*, *necessidades* e *impossibilidades* de caminhos e soluções a desbravar no tema, terão de nortear-se pelo duplo *constitucionalismo* que ressalta dos termos de estudo em articulação: o referido carácter *ordenamental* do Direito comunitário, e o relevo que a esse nível desempenham as normas *originárias*, conferem a qualquer excurso juscomunitarista, seja em que área do Direito for, uma acrescida preocupação jusconstitucional; e também o Direito penal *é*, afinal, Direito constitucional. Ambos são exemplo do relevo extremo do que se tenha por *constitucionalmente determinado*; ambos apresentam — e em sentidos porventura díspares — técnicas operativas *constitucionalmente condicionadas*; eis porque se torna mais interessante, e necessário, o estudo interdisciplinar [13].

Mireille DELMAS-MARTY 1997b: 21); no primeiro caso a argumentação reportar-se-á a parâmetros de *igualdade* e de *conformidade*; no segundo, a parâmetros de *proximidade* ou *compatibilidade* — donde, novamente, a necessidade de fixar essa medida do que é e não é compatível no quadro do pluralismo (*idem*: 22).

[13] Retomando-se — agora com expressa consideração do *factor comunitário* e sem querer cair no vício metodológico de aplicação ao quadro juseuropeu de conceitos cuja utilização só encontra fundamento num quadro *nacional* de raciocínio, vício que *infra* se procurará denunciar — o princípio de *analogia substancial* entre o ordenamento axiológico constitucional e a ordem dos *bens jurídicos* a merecer tutela pelo Direito penal, princípio que se deixou já aflorado (mas cfr. ainda José de SOUSA E BRITO 1978: 214, e António Manuel de Almeida COSTA 1994: 205), e retomando-se identicamente a defesa da *subsidiariedade* da intervenção criminal (defesa metodogicamente e conteudisticamente *não arrimada* na Convenção Europeia dos Direitos do Homem), terá, parece, de decidir-se por um parâmetro habilitante da intervenção comunitária no domínio do Direito Penal (seja sob que forma for) não com recurso ao conceito *comunitário* de subsidiariedade (de resto, ambivalente, como se deixará assinalado), mas ao conceito (*comunitariamente* construído: é este o ponto de apoio do juízo neste plano) de *carência de tutela penal*, compatibilizando-se assim as exigências da subsidiariedade e de *ultima ratio* juscriminal; cfr. Manuel da Costa ANDRADE 1992: 184: a *dignidade penal* é a expressão de um juízo qualificado de intolerabilidade social.

2. A HARMONIZAÇÃO COMO IMPERATIVO DE INTEGRAÇÃO

A patente idiossincrasia em que consiste a necessária existência de disparidades no tratamento de questões criminais semelhantes de Estado-membro para Estado-membro só poderá ser resolvida, minimamente, através de uma opção *harmonizadora*[14] que alcance a remoção do que sejam as mais assinaláveis diferenças.

A questão da *uniformidade* (ou a da falta dela) é uma das questões inevitáveis do Direito comunitário e, também no campo penal, pode seriamente comprometer, como é óbvio, a livre concorrência no seio do mecado comum[15] e igualmente beneficiar as organizações

---

[14] A *harmonização* — que se distingue da *unificação* — é a aproximação *compatibilizadora* de regras nacionais diversas (cfr. Mireille DELMAS-MARTY 1997b: 13; há contudo quem, como Pedro CAEIRO 1996: 207, defenda que as desigualdades aplicativas constituem um custo que a preservação da *identidade nacional* impõe ao ordenamento juscomunitário enquanto não existir um verdadeiro sistema de Direito comunitário penal; argumentos politizados, como este, merecerão apreciação *infra*); já o que seja a *incompatibilidade* é questão subtil: é neste quadro que caberão considerações apologéticas de métodos *comparatísticos*, promovendo-se a identificação de grandes e comuns linhas de força que alicercem a tendencial construção de um *jus commune* (sendo certo que, como assinala Hanna G. SEVENSTER 1992: 29ss, quanto mais lata for a opção harmonizadora mais traumáticas serão as disparidades *sancionatórias*); cfr. ainda Alessandro BERNARDI 1994a: 53; Saverio Paolo FRAGOLA e Pierfrancesco ATZORI 1990: 128; Mireille DELMAS-MARTY 1997b: 19; e Ulrich SIEBER 1991.

[15] Neste sentido de que disparidades regionais de *risco penal* podem perturbar o funcionamento livremente concorrencial no mercado europeu, v. Ana Filipa Santos CARVALHO 1998: 38; Giovanni GRASSO 1996a: 22; e Stefano MANACORDA 1995: 59. De todo o modo, e assim Gisèle VERNIMMEN 1996: 246, este tipo de danos concorrenciais reflexos não é especificidade do campo criminal mas de qualquer campo; e a sua tomada em consideração por parte dos legisladores nacio-

criminosas que capilarmente se expandem pelo território europeu através de hábeis estratégias de *forum* ou *jurisdiction shopping* mediante as quais se aproveitam da geografia variável da Europa penal [16]. Encontrar-se-á assim numa *razão de necessidade*, atento o panorama que resulta daquela não uniformidade, o fundamento legitimador da promoção do fenómeno de *harmonização*: a aproximação dos sistemas jurídicos é uma verdadeira necessidade da integração [17].

É contudo necessário determinar o escopo material dessa harmonização [18]: será imperativa, e portanto negativamente delimita-

---

nais pode interferir, e tem interferido (cfr. Hanna G. SEVENSTER 1992: 54), nas próprias decisões normativas que tomam.

[16] Fenómenos, ambos, para os quais Françoise TULKENS 1996: 9 reclama uma análise criminológica. Sobre isto, Mireille DELMAS-MARTY 1997a: 638, e Rosaria SICURELLA 1997: 363.

[17] Cfr. Alessandro BERNARDI 1997: 406. Salienta Stefano MANACORDA 1995: 59ss que o Direito penal nacional se constituirá primordialmente como instituto de garantia pelo respeito do funcionamento do mercado único no plano da *parte especial*; e isto em zonas problemáticas da *parte especial* não resolúveis de forma aceitável ao nível nacional, como a *criminalidade informática*, mas também em zonas *originariamente comunitárias*, como a dos interesses financeiros da Comunidade, ou ainda no clássico campo *nuclear* da parte especial, ao qual pertencem, *e.g.*, o roubo, ou o homicídio, aqui por razões de cooperação internacional — mas com menor urgência (cfr. Giovanni GRASSO 1998: 12; Ulrich SIEBER 1999: 17). Neste campo poderá ser-nos útil o exemplo do MERCOSUL: também aqui a *aproximação* dos sistemas jurídicos foi encarada como necessária: o art. 1.º do Tratado de Asunción, de 1991, prevê a harmonização *nos domínios pertinentes* com o fim de reforçar o processo integrador (assim, Alejandro E. ALVAREZ 1999: 741: diferentemente dos processos juscomunitários de *aproximação* pelas vias da *harmonização* ou da *cooperação*, ponderam-se e instituem-se instrumentos normativos do MERCOSUL que directamente definam infracções, sanções, mesmo procedimentos, na esfera sancionatória administrativa como na criminal, com um objectivo último de *unificação* que passa pela partilha da competência legislativa em matéria criminal entre os Estados e o espaço supranacional assim criado). Uma tal *opção harmonizadora* — que Alessandro BERNARDI 1994a: 44 entende caber preferencialmente a Directivas — pode passar pela ponderação da imposição aos Estados da adopção da via criminal em certas áreas, nos termos que mais abaixo se analisarão.

[18] Os art. 94.º e seguintes do T.C.E. vinculam a aproximação das legislações a uma incidência directa no estabelecimento ou no funcionamento do mercado comum.

dora, uma conexão juscriminal com o domínio económico comunitário? O problema adensa-se com a indefinição da fronteira que separe o *common criminal law* e o *economic criminal law*[19]: adquiriu a Comunidade Europeia uma imagética económica e comercial, quase exclusivamente centrada em preocupações de mercado — e tende a ver-se uma interferência no domínio criminal como prossecutória de intenções *reguladoras* e não *verdadeiramente criminais*[20].

Surgem assim, e de forma natural, as defesas doutrinárias do *minimalismo* e da fragmentariedade da intervenção juscomunitária em matéria penal[21]; não lhes são alheias considerações atinentes ao princípio comunitário de *subsidiariedade*[22], mas mal: não é, de

---

[19] Cfr. Hanna G. SEVENSTER 1992: 67.

[20] V. Estella BAKER 1998: 363. Contudo, o que serão, afinal, pretensões *verdadeiramente criminais*? Não terá todo o fragmentarismo uma materialmente diversa pretensão regulatória — sempre?

[21] Assim Pedro CAEIRO 1996: 200, defendendo a solução minimalista como a *única sustentável* e admitindo — num cenário *de jure condendo* — que uma eventual competência legiferante naquela matéria se restrinja a domínios rigorosamente delimitados, e isto não somente por as especificidades da lei penal de cada Estado-membro reflectirem as diversas *identidades nacionais*, diversidade à qual a U.E. deve respeito por força do actual art. 6.º do T.U.E. (argumento a que se aludiu já: é uma *falsa questão*, já que toda a acção comunitária se dá apenas com o acordo dos Estados-membros; é recorrente um terror doutrinário não-comunitarista face a um hipotético ordenamento omnívoro que agiria à revelia de quaisquer actores estatais), mas também por operação do princípio de *subsidiariedade* (sobre o qual se pode ver a nota seguinte).

[22] O princípio comunitário de subsidiariedade, positivado em Maastricht e hoje consagrado no § 2 do art. 5.º do T.C.E., impõe em matérias concorrencialmente competentes um *duplo teste*, de *suficiência* e de *eficácia*, à admissibilidade da intervenção comunitária — que será, pois, *subsidiária*. Não procurando definir qualquer *atribuição* de competências mas tão-somente o exercício de competências *atribuídas*, é este princípio extremamente ambivalente (*rectius*: polivalente, embora não tanto que impeça Alain LAMASSOURE 1996: 8 de o contrapor à noção metodológico-filosófica de *federalismo*; Ugo VILLANI 1994: 453 fala mesmo de *ambiguidade* e salienta o carácter eminentemente político da *subsidiariedade*; cfr. ainda Alessandro BERNARDI 1994a: 36 e 1997: 439; e Hanna G. SEVENSTER 1992: 66), e o sentido em que aponta algo difuso: FAUSTO DE QUADROS 1995: 74 atribui-lhe uma *neutralidade valorativa* apta a fundar a proposta de um

facto, correcto o entendimento apressado de que, atenta a *diversidade* juscultural dos Estados-membros, e particularmente no que respeita ao Direito penal, "a Comunidade *não* se encontra mais bem posicionada" "para legislar *genericamente* em matéria penal"[23]: não serão de todo o modo *tantas* as disparidades, nem de assim tão grande monta[24], como não padecerão de irresolubilidade (não devendo pois partir-se deste pressuposto); mas o que se critica é a idoneidade do *locus* argumentativo: o juízo de subsidiariedade toma como parâmetro a eficácia na prossecução *de interesses comunitários*, e pressupõe — repete-se — como decidida a questão da atribuição competencial (delimitando, insista-se ainda, esferas de exercício, que não são o ponto em discussão no confronto entre *maximalismo* e *minimalismo* na intervenção); em todo o caso sempre se diria que uma tal fragmentarização interventiva mais legitimaria uma superior acção europeia (e eis-nos pois regressados às curvas da *ambivalência* do que seja o *subsidiário*). A conclusão, portanto, pela menor eficácia de uma intervenção comunitária *generalista* em matéria criminal quando comparada com a intervenção estadual (e não deve esquecer-se que, em qualquer dos cenários — minimalista ou maximalista — de intervenção normativa, são *os Estados* os actores, os factores, os executores do Direito comunitário) não poderia encontrar apoio fundamentador em um princípio

---

critério *qualitativo-objetivo* segundo o qual os *testes* de suficiência e de eficiência serão de realização cumulativa e este segundo será determinante (a acção, se *mais eficiente*, tomar-se-á no plano comunitário); já Maria Luísa DUARTE 1997: 517ss encontra subjacente à subsidiariedade uma verdadeira intenção *devolutiva* das competências às órbitas estaduais — e, por esta ordem de raciocínio, cairá o teste da *eficiência* perante uma *suficiente* actuação nacional; inversamente ainda, Francisco LUCAS PIRES 1994: 149, sobrerelevando a *eficácia* e o sentido de atribuição à esfera comunitária de um máximo de competências.

[23] Cfr. Pedro CAEIRO 1996: 201, e também 205; acrescentou-se o itálico. Já Mireille DELMAS-MARTY 1997a: 638 convoca o princípio de subsidiariedade para, eventualmente, encontrar os limites da *unificação*.

[24] As variações, *contingentes*, do que é idêntico não traduzem maioritariamente orientações de fundo: também assim Ulrich SIEBER 1999: 20.

que, testando a via óptima da prossecução de interesses comuns, veria essa mesma prossecução prejudicada pela dispersão substantiva das intervenções[25]. A opção por uma solução *minimalista* — que em nada fica afectada pelas considerações anteriores — terá de buscar outras justificações.

Defender-se um tal minimalismo é reservar-se aos Estados o *núcleo duro* do Direito criminal — do *Kernstrafrecht* —, permitindo a intervenção comunitária somente na área periférica (*Nebenstrafrecht*) deste ramo de Direito[26]. A opção, coerente com a natureza da teleologia comunitária identificável no art. 2.º do T.C.E.[27], é operativa[28], visando proporcionar ao ordenamento jurídico comunitário uma intervenção legiferante que autonomamente lhe permita a protecção do que sejam os seus interesses próprios, interesses revelados com o funcionamento do mercado europeu (como o financeiro, o orçamental, novamente o concorrencial), mas de *nenhuns* outros.

Isto é: ainda que sejam identificáveis *bens jurídicos especificamente comunitários*[29], sê-lo-ão de forma fragmentária[30]. Vai por-

---

[25] Assinala mesmo Ulrich SIEBER 1999: 7 um *paradoxo* curioso, o qual agora se convoca no sentido do texto: a transferência parcial de soberanias que está na génese do ordenamento juscomunitário, favorecendo — como se assinalou — o despontar de novos tipos de criminalidade, tornou, concomitantemente, mais difícil o exercício da *porsuite* criminal quando o processo se baseia ainda em limites *territoriais*: assim, o *aprofundamento* da integração é o único meio de atacar os problemas que decorram, precisamente, de uma integração *incompleta*.

[26] Trata-se da *política de pequenos passos* de que falam Alessandro BERNARDI 1994a: 39 ou (reportando-se também ao percurso jurisprudencial do TJCE) Lorenzo SALAZAR 1996a: 41ss; cfr. ainda Françoise TULKENS 1996: 11.

[27] Cfr. Agata Maria CASTELLANA 1996: 748.

[28] Cfr. também, implicitamente, Henry LABAYLE 1995: 45.

[29] V. Giovanni GRASSO 1993b: 77; 1996a: 10; e 1998: 24; em particular, repita-se, os interesses *financeiros* da Comunidade ressaltam como um *bem jurídico* qualificável como *institucional* — assim Giovanni GRASSO 1989b: 374; Dietrich OEHLER 1985: 1409; e Flavia SFORZA 1993: 317. Um tal *bem jurídico* é genericamente categorizável como *supra-individual* (e sobre isto v. Jorge de FIGUEIREDO DIAS 1989: 33 e 39: a supra-individualidade corresponderá à *actuação comunitária do homem* como vertente de realização da sua personalidade; sobre a legitimidade de uma intervenção normativa juscriminal em áreas *não-*

tanto destacado que — *independentemente* do resultado do debate entre minimalismo e maximalismo, e *independentemente mesmo* do próprio debate — existe, de facto, ao menos no domínio financeiro no qual a Comunidade mais exposta se encontra à fraude nacional e transnacional, uma absoluta necessidade de providenciar no sentido da intervenção criminal[31]: é indispensável um mínimo de harmonização nesta matéria.

Uma abordagem funcionalista — metodologia a seu tempo cara, é sabido, a Schumann e a Monnet — que invoque argumentos respeitantes à *eficácia* da acção comunitária para exigir intervenções já mais alargadas, exemplificando aliás com a facilitada expansão da atrás referida *grande criminalidade* que o *défice de segurança* pós-Schengen permitiu[32], não avança fundamentos verdadeiramente sólidos ou não reversíveis[33]; é porém verdade que um Direito penal

---

-nucleares como o Direito penal económico, nas quais aquela supra-individualidade é de assinalar, Wilfried BOTTKE 1995: 637ss). Salienta Eugenio DELLA VALLE 1989: 1139, que o nível (progressivo) de compenetração entre os ordenamentos comunitário e nacionais é susceptível de fundar exigências do que seja uma nova aproximação *metodológica* à temática do *bem jurídico*, sendo de resto *configurável*, e assim consequente, a total autonomia e independência de um sistema comunitário de Direito penal.

[30] Quanto a isto, de novo: as próprias existência e actividade comunitárias, que são também uma expansão do que seja o *comum* a sectores extrapenais do Direito, darão nascimento a este quadro de bens jurídicos comunitariamente enfeudados, e reclamam, nomeadamente, a intervenção de normas de *direito penal acessório*, normalmente destinado a exercer uma função sancionatória em áreas *extra-penais*: Giovanni GRASSO 1998: 2 e 24, e também Paolo VALIANTE 1993: 108.

[31] Cfr. Lucien DE MOOR 1996: 14.

[32] Embora concorram também elementos de *universalização* das consequências das condutas ilícitas, e isto pelo advento da sociedade dita *de informação*, com o surgir de um extraordinário desenvolvimento tecnológico que redimensiona a sociedade *de risco* e as consequências de qualquer *malfunctioning*, e uma verdadeira planetarização por via da reformulação da categoria da *mobilidade*; tudo isto — e cfr. Ulrich SIEBER 1999: 4 — imediatamente evidente nos fenómenos de criminalidade informática, ou de criminalidade ambiental.

[33] Assim Henry LABAYLE 1995: 49; e de qualquer forma o apagar das *fron-*

classicamente fundado em um princípio de territorialidade, elemento de delimitação aplicativa e processual[34], não pode comportar respostas adaptadas à contemporânea situação do continente europeu. Isto é[35]: a regência no espaço das normas criminais *emanadas pelos Estados-membros* para tutela de interesses comunitários não é conciliável com aquela *eficácia espacial* que igualmente vigora, como princípio, em Direito penal, e que imporia àquele tipo de tutela, correspondentemente, uma maior abrangência — uma abrangência *comum*. Impõe-se, pois, a redefinição da territorialidade[36], critério operativo no campo em que nos vamos movendo: a Europa é — e é-o antes de tudo o mais[37] — um espaço geográfico, e é esta a fundamentação, legítima e sustentada, de uma exigência de harmonização[38].

Regista a História tentames, sectoriais, de harmonização — e, precisamente, orientam-se as atenções, desde a década de sessenta, em particular para a *fraude* a interesses financeiros comunitá-

---

teiras tanto terá, por um lado, beneficiado a fenomenologia do crime como, por outro, a terá atenuado — já que *a fronteira* era, ela própria, cenário de delinquência.

[34] Cfr. Ulrich SIEBER 1999: 6.

[35] Cfr. Dietrich OEHLER 1991: 31.

[36] E um princípio de territorialidade não se terá, pois, como expressão de um nacionalismo exacerbado (Saverio Paolo FRAGOLA/Pierfrancesco ATZORI 1990: 100; Robert LEGROS 1964: 171, de resto, implicitamente destaca que *nem* o nacionalismo jurídico será reconduzível à territorialidade, *nem* esta se louvará naquele).

[37] Cfr. Henry LABAYLE 1995: 49.

[38] Decreta mesmo Gérard SOULIER 1998: 239, que "*la méthode Schumann est morte à Maastricht et enterrée à Amsterdam*", reportando-se à instituição da dúplice estrutura que decorre dos *pilares* e de mecanismos como o de *cooperação reforçada*, e também ao risco, que lhes vai subjacente, de "*commonwealthisation*" (*idem*: 243); sobre a cooperação reforçada — mecanismo cujos gerais princípios integram os arts. 43.º a 45.º do T.U.E., dotado de aplicação no âmbito dos primeiro e terceiro pilares, e que permite o desenvolvimento de acções conjuntas por um número de Estados não inferior a 8 e sem a participação dos restantes — cfr. Vlad CONSTANTINESCO 1997: 751ss; este Autor sublinha o carácter *revolucionário* desta substituição do uno pelo diverso, do uniforme pelo diferente, cessando, por (re)modelação, a vigência indiscutida de princípios de unidade ou de uniformidade (*idem*: 753).

rios [39]. Pertence já ao campo da opinião (ainda que se a acompanhe) entender-se como desejável, e natural, uma idêntica harmonização

---

[39] Cfr. Hanna G. SEVENSTER 1992: 36. Sobre esta específica problemática da protecção dos interesses financeiros da Comunidade, pode ver-se já Per Brix KNUDSEN 1995: 65ss, e — perspectivando a evolução da tutela destes interesses — Francesco DE ANGELIS 1998: 35ss; Alain LAMASSOURE 1996: 10 põe em evidência neste particular a já referida dualidade das opções metodológicas da *subsidiariedade*, por onde plenamente se cometeria aos Estados o papel repressor nestas matérias, e do *federalismo*, via pela qual se dotaria a Comunidade dos instrumentos repressivos tidos por necessários, os quais incluiriam tribunais, leis e uma polícia judiciária; o dilema generaliza-se para lá desta área delitual, e resta saber se não fica apontado este caminho a partir do momento em que se institucionaliza uma *Europol*. É este, também para Gérard SOULIER 1998: 239, o grande problema da Comunidade Europeia: a disparidade entre a continuidade material do espaço e a sua continuidade no plano orgânico; como combater uma criminalidade europeia com aparelhos de justiça e de legislação nacionais e independentes? Em todo o caso, e no quadro específico da protecção daqueles interesses, encontra-se já elaborado, há alguns anos, um *Corpus Iuris* no qual Giovanni GRASSO 1998: 26 vê o embrião de um sistema penal supranacional, tal como era previsto no Tratado da C.E.D., e que detém pretensões institutivas de um *espaço judiciário europeu* (e, sobre as origens e densificações deste conceito, v. Régis de GOUTTES 1990: 245ss e igualmente, para aspectos metodológicos mas também para uma perspectiva mais generalista, Giovanni GRASSO 1996a: 109; também Alessandro BERNARDI 1997 alude ao advento de um *espaço comum*, caracterizado pelas liberdades de circulação — a que não são alheias, sublinhe-se, considerações de territorialidade — como elemento unificador de uma estratégia criminal unitariamente pensada). O *Corpus Juris* (que, segundo Mireille DELMAS-MARTY 1997a: 643, tomou como ponto de partida a crítica metológica das vias de *assimilação*, de *cooperação* ou de *harmonização*, os obstáculos administrativos e políticos que — na expressão de Ann SHERLOCK e Christopher HARDING 1991: 35 — resultavam numa viciosa conspiração *minimizadora* do problema, amplo, da fraude no quadro comunitário, e ainda a consciência de que, nesta área, é a repressão penal *unificada* a única via capaz de conjugar as exigências de justiça, simplicidade e eficácia — cfr. Mireille DELMAS-MARTY 1997b: 17, e Rosaria SICURELLA 1997: 363; um contexto intergovernamental não permite ganhar-se a aposta de uma política criminal comum: faltam desde logo os instrumentos institucionais, não sendo de todo suficiente para que se possa identificar uma política criminal europeia o facto de os Estados-membros se encontrarem, também em matéria criminal, vinculados à Convenção Europeia dos Direitos do Homem, ao

de preceitos penais que apenas *indirectamente* se relacionem com a Comunidade [40].

---

contrário do que parece defender Ana Filipa Santos CARVALHO 1998: 94; cfr. ainda Mireille DELMAS-MARTY/Pierre TRUCHE 1996: 309, e Lorenzo SALAZAR 1996a: 45) foi elaborado, a pedido da Comissão Europeia e do Parlamento Europeu, por uma equipa de juspenalistas, e compõe-se de um conjunto articulado de preceitos penais referentes à protecção dos interesses financeiros da União Europeia. Este instrumento (cfr. Mireille DELMAS-MARTY 1997b: 17) comporta três ordens de regras: (a) a definição de infracções, em atenção ao princípio de legalidade; (b) a fundamentação da responsabilidade criminal em um princípio de *culpa*; e (c) a aplicação de um princípio de *proporcionalidade* das sanções. A *parte*, geral, de direito penal substancial, que inclui a previsão da responsabilidade penal das pessoas colectivas (o que, se não constitui ponto problemático no Reino Unido, integra o debate juscriminal continental, embora exista uma clara tendência, doutrinária e legislativa, para a sua admissibilidade — assim Enrique BACIGALUPO 1998: 53 —, e especialmente desde a Recomendação n.º 2(88) do Comité de Ministros do Conselho Europeu), constitui uma síntese dos princípios gerais vigentes nos Diversos Estados-membros; na parte processual, assente sobre uma base de *territorialidade* europeia, prevê-se a implementação de um *ministério público europeu*. Cfr. Enrique BACIGALUPO 1998: 55ss para uma detalhada análise das normas substanciais, e Rosaria SICURELLA, 1998: 63ss para a da parte processual; ainda, sobre o carácter *sistemático* do *Corpus Juris*, Alessandra Rossi VANNINI 1997: 1285. Quanto à questão da base legal para uma aprovação deste *Corpus Juris*, reeditar-se-ão as considerações atinentes ao *défice* democrático de que se dará conta imediatamente a seguir; Simone WHITE 1998: 185, avança um entendimento (sobre o qual se poderá ver também R. FORNASIER 1982: 407) segundo o qual os artigos 95.º e 249.º do T.C.E. poderiam ser base adequada de aprovação, mas com muitas dúvidas quanto ao cabimento de tal argumento na actual arquitectura jurídica europeia. A menos que se venha a optar pela via convencional — com tudo o que acarreta.

[40] Será o caso (v. Klaus TIEDEMANN 1998: 19) da tutela penal, *v.g.*, do trabalho, do ambiente, do consumo, da saúde pública.

3. O "DÉFICE DEMOCRÁTICO" COMUNITÁRIO E A LEGALIDADE CRIMINAL

É o domínio criminal frequentemente caracterizado como paradigma, e paradigma exemplarmente originário, da exclusão material do avanço juscomunitário[41]. Sucede que não apenas é notório o *alargamento* deste âmbito de *avanço*, como desde cedo se vem constatando a impossibilidade de afirmar-se a *irrelevância* criminal da construção integrativa comunitária[42]. É inexistente, como se verá, o *absolutismo* da *soberania estadual* na matéria[43]: mas repou-

---

[41] Assim, *e.g.*, Estella BAKER 1998: 361ss ou Gerard DANNECKER 1995: 40; na expressão de Ulrich SIEBER 1993: 249, em matéria de Direito penal, o direito europeu está *sous-represente*.

[42] Cfr. Hanna G. SEVENSTER 1992: 29 e 39.

[43] *Idem*: 52. Para Alessandro BERNARDI 1996: 1ss tratar-se-á verdadeiramente de um *dogma*; identicamente Enrique BACIGALUPO 1998 contesta o rendimento de tais argumentos *de soberania* quando em discussão se encontra o Direito comunitário; no mesmo sentido mas sob uma perspectiva já diversa (e não completamente indiscutível), Saverio Paolo FRAGOLA/Pierfrancesco ATZORI 1990: 35 e 86, entendendo que, constituindo o factor *soberania nacional, de facto*, um freio ao desenvolvimento de um Direito penal comunitário (e nesse sentido, semelhantemente, Antonio PAGLIARO 1993: 693; é *esta* a perspectiva merecedora de discussão), a função que este último Direito penal comunitário seja chamado a desempenhar no seio do ordenamento comunitário não será ainda assim uma função que, directa e imediatamente, colida com uma tal soberania estadual, já que não surgirá dotado de uma verdadeira eficácia *constitutiva* mas tão-só como instrumento ao serviço de interesses de *organização económica*. Igual sorte terão argumentos que se refugiem em alegadamente *inegáveis* prejuízos que de um movimento unificador advenham para a *identidade nacional* e a *diversidade cultural* de cada Estado-membro; já em inícios de século defendera V. LISZT *ein Mitteleu-*

sando indiscutivelmente o Tratado da Comunidade Europeia em um princípio estruturante de *especialidade*, segundo o qual actuará a Comunidade *nos limites das atribuições que lhe são conferidas e dos objectivos que lhe sejam cometidos* por via daquele Tratado (art. 5.º, § 1), a Comunidade Europeia não dispõe de um poder de criação de normas de Direito penal *supranacional*[44].

Ora uma coisa é constatar o que é, e *outra* o que deverá ser. E neste ponto insurgem-se as mais variadas vozes contra uma eventual competência legiferante comunitária em matéria penal, *ao menos* a manter-se inalterado o actual quadro institucional, e isto porque, sujeitando-se imperativamente o Direito penal a exigências rigorosas de legalidade — e de legalidade *formal* — nunca se deixaria nas mãos do Conselho da União, órgão de natureza *intergovernamental* desprovido de directa legitimidade eleitoral no qual se concentra (art. 202.º do T.C.E.) o poder comunitário de *decisão normativa*[45], a competência de, desprovido de *legitimidade democrática*, promanar normas penais com valia em todo o território da Comunidade. Isto é: o *deficit democrático* que marca a realidade legiferante jus-

---

ropäischer Staatsverband, entendida como recíproca participação cultural e não, portanto, como obstáculo à unificação penal.

[44] Esta é uma conclusão praticamente unânime, por evidente: assim, v.g., Estella BAKER 1998: 362; Pedro CAEIRO 1996: 195 (para quem seria diferente a conclusão se o Tratado da Comunidade Europeia de Defesa, assinado em Paris a 27 de Maio de 1952, se encontrasse em vigor; de facto, este ensaio — no quadro do qual se previa, ainda que em um domínio limitado, a criação de um verdadeiro *sistema penal supranacional*, tendo mesmo sido elaborado um Protocolo jurisdicional que incluía normas de Direito penal militar — viria, em 1954, a claudicar por faltar a ratificação do parlamento francês — cfr. Filippo SGUBBI 1996: 117 — o que não retira as virtualidades *pedagógicas* à experiência: assim Giovanni GRASSO 1996: 35); Gerhard DANNECKER 1993: 964; Dietrich OEHLER 1985: 1399ss ; Ulrich SIEBER 1993: 257, e 1995: 610.

[45] O segundo travessão do art. 202.º do T.C.E. comete ao Conselho um *poder de decisão* que lhe permite a adopção de disposições verdadeiramente normativas como a de actos individualmente direccionados. Normalmente — existem apenas quatro excepções — o Conselho decide sob proposta da Comissão, órgão que detém a genérica missão de *iniciativa* normativa ao nível comunitário.

comunitária não permite que a mesma avance para o campo — o criminal — onde as exigências, formais, de *legalidade parlamentar* mais se fazem, classicamente, sentir[46].

Muitíssimas reservas porém se colocam perante a facilidade com que qualquer dos pontos argumentativos — sentido da legalidade criminal, e *défice democrático* comunitário —, por serem clássicos, vêm sendo aceites: o *uso* contemporâneo de um *clássico* pressupõe identidade, ou semelhança, de pressupostos de operatividade do mesmo. Assim: será *esta* legalidade (isto é: a que se reporta à *lei parlamentar* nacional) algo de verdadeiramente inscrito nos textos constitucionais nacionais? E, a sê-lo, subsistirá no domínio comunitário? Mas antes ainda: a falta de democraticidade que se aponta à realidade institucional europeia não corresponderá mais à falta de uma estruturação democrática *semelhante à dos Estados-membros* do que à de uma estruturação democrática *tout court*[47]? É que o que sejam as exigências de legalidade, *lato sensu*, em um Estado-membro poderá diferir, e logicamente diferir, das exigências de uma legalidade comunitária: não vigora, é certo, na órbita europeia um prin-

---

[46] Os argumentos serão estes, mas nem sempre virão acompanhados de uma fundamentação suficientemente crítica, tomando como sólidos os alicerces de apoio quando porventura essa solidez lhes vai faltando; desta forma, carreiam-se por vezes para a discussão fórmulas superlativas tão vagas quanto alarmistas. Para Ulrich SIEBER 1993: 258, a eventualidade de o Conselho legislar em matéria penal constituiria *une atteinte aux structures fondamentales de l'Etat democratique*; também Alessandro BERNARDI 1996: 10; Costanza BERNASCONI 1996: 468; Pedro CAEIRO 1996: 200; Hans-Heinrich JESCHECK 1998: 224; Rosaria SICURELLA 1998: 64; ou Flavia SFORZA 1993 — para quem este é um argumento constitucional *fortíssimo* — entendem que nenhuma das instituições titulares de competências normativas no seio da Comunidade Europeia preenche as condições de legitimidade exigidas pela maioria das Constituições dos Estados-membros em matéria de legislação penal e que, *assim*, a atribuição em matéria penal de tais competências às instituições europeias integraria igualmente uma violação a um princípio de Direito comunitário.

[47] De resto, se, na expressão de Ulrich SIEBER 1993: 258, o Conselho e a Comissão não são *démocratiquement légitimés au sens strict*, nesta ressalva final, mesmo que inadvertida, se encontrará algum sentido.

cípio de separação tripartida de poderes — mas não vigora porque *não deve* nem *tem de* vigorar[48]. Falar-se de um *défice* comunitário *de democracia* leva implícita uma determinada concepção de democracia, o que, sendo incorrecto, tanto mais o será quanto não seja possível identificar nos diversos Estados-membros a *praxis* de uma concepção uniforme[49]. O dogma da *representatividade*, dogma formal, é assim esgrimido por vozes que, por outro lado, não se chocaram nunca com a força *de lei* que o TJCE tem vindo progressivamente a reclamar para as suas peças de jurisprudência (essa *sim*, inadmissível[50]) e que, ao avisarem contra o perigo de uma *tecno-*

---

[48] Aliás, na expressão de Miguel MOURA E SILVA 1998: 52, a Comunidade Europeia não só não pretende reproduzir o modelo tripartidor de poderes, na sua configuração *clássica*, como esse modelo se revelaria mesmo desajustado à realidade político-jurídica comunitária.

[49] Cfr. Ugo VILLANI 1992: 600.

[50] Sobre isto poderá ver-se Maria Rita SAULLE 1994: 339. A jurisprudência do TJCE não deve ter-se como integrante do acervo das *fontes* do Direito comunitário: não só se não pode considerar que *o mais pequeno suspiro, o mais inocente* obiter dictum *do TJCE integre, só por mero facto de ter sido emitido, o complexo do* "acquis communautaire", *e que vincule, assim,* ex art 10.º *do T.C.E., todas as manifestações orgânicas que um Estado possa assumir, tribunais incluídos* (v. o defendido por Luís DUARTE D'ALMEIDA 2000: n.º 13 e notas respectivas), como se salientará a verdadeira pedra-de-toque da apregoada *força normativa* dos acórdãos da instância jurisdicional comunitária: *neste campo, o Direito comunitário terá de se contentar com a* "compliance" *— reduto tão caro ao Direito Internacional Público — dos ditames, em particular do TJCE* (idem). De resto, a afirmação, no Acórdão *Van Gend en Loos* (Processo, 26/62), segundo a qual "o Direito comunitário é uma nova ordem jurídica de Direito internacional" *só encontra fundamento no dizê-la: a aceitação do que é dito não é distinta da aceitação de que se o diga; e nenhum dever de aceitação do que diga o TJCE apenas porque o diz impenderá sobre quem quer que seja.* A competência, jurisdicional, do TJCE, como aliás a de qualquer outro tribunal, habilita-o a *dizer o direito que se aplique ao caso* sub judice, *não a substituir-se ao legislador comunitário* (idem: n.º 32, e nota). Defender que os acórdãos do TJCE são fonte idónea de Direito comunitário seria assim contrário ao próprio princípio da competência por atribuição; *quando os* dicta *do TJCE reflictam a realidade juscomunitária terão, para lá do seu concreto valor no caso, um salutar efeito pedagógico ao qual nada será apontável; quando não, não poderão munir-se da pretensão de directamente alte-*

cracia europeia não controlada democraticamente[51], parecem ignorar que, por um lado e por exemplo, *qualquer* decisão do Conselho pode — e, em alguns casos, *deve* — ser precedida de consulta aos parlamentos nacionais[52]; que os membros que compõem o Conselho, *representantes* — como se referiu — *dos Governos dos Estados-membros*, são, frequentemente, membros do Parlamento nacional respectivo; que esses Governos nacionais serão responsáveis perante os seus Parlamentos[53] e perante a opinião pública, podendo cada voto no Conselho acarretar imediatas sanções políticas; que o Parlamento Europeu participa de forma consequente, por via de regra, nos diversos processos decisórios[54], cabendo-lhe mesmo um estatuto de *co-autoria* com o Conselho no seio do processo de *co-*

---

rar essa mesma realidade. A menos que as formulações que dimanem venha a ser aceites com generalidade — mas aí a alteração não se operou por força jurisprudencial (*idem*: n.º 100) e será, mas por essa via, integrante do *acquis*.

[51] Cfr. Ulrich SIEBER 1991: 977.

[52] E em alguns Estados-membros, como a França, a Alemanha, a Dinamarca ou o Reino Unido, existem já comissões parlamentares encarregadas do exame de propostas legislativas juscomunitárias.

[53] E por aí se poderia, em tese, defender estar conferida legitimidade nacional ao processo decisório comunitário: assim Ugo VILLANI 1992: 601.

[54] No *processo comum* de decisão (art. 250.º do T.C.E.) a decisão final cabe ao Conselho; permite-se a intervenção, a título consultivo, do Parlamento Europeu (*e.g.*, art. 133.º do T.C.E.), embora em diversos casos essa intervenção seja obrigatória (*e.g.*, art. 37.º, n.º 2, § 3 do T.C.E.), e mesmo vinculativa (*e.g.*, art. 300.º do T.C.E.). No *processo de cooperação* (art. 252.º do T.C.E.) observa-se um procedimento de *duas leituras*: seguindo-se, inicialmente o processo *comum*, o Conselho adopta por maioria qualificada uma *posição comum* que transmite ao Parlamento para segunda leitura; o Parlamento Europeu poderá aprovar essa *posição comum*, viabilizando a aprovação final do acto pelo Conselho; *propor alterações*; *rejeitá-la*, por maioria absoluta dos seus membros. Embora uma rejeição seja, teoricamente, ultrapassável mediante unanimidade do Conselho, só muito excepcionalmente se verificará esta unanimidade: na prática, uma *rejeição* pelo Parlamento Europeu de uma posição comum do Conselho impede a adopção final do acto. Finalmente, no seio do *processo de co-decisão* (art. 251.º do T.C.E.), instituído em Maastricht, o Parlamento Europeu dispõe de um verdadeiro *poder de veto*.

-*decisão*[55]; que lhe assistem competências de *controlo político*[56], e possibilidade de jurisdicionalmente fazer tutelar as suas prerrogativas[57]; que com Amesterdão ficou significativamente reforçado o complexo comunitário de tutela dos *direitos fundamentais*[58]; que, enfim, a actuação da Comunidade é sempre actuação dos Estados-membros: *com* (e não *contra*) os Estados-membros, e por meio destes. Funcionam assim, os dogmas[59].

---

[55] Como se referiu na nota anterior: o acto a final, é, de facto, um acto adoptado *a dois*. A Comissão, de resto, obrigatoriamente apresentará a sua proposta aos dois órgãos, e um eventual *recurso de anulação* (art. 230.º do T.C.E.) do acto será igualmente intentado contra ambos.

[56] O Parlamento detém poderes de controlo político sobre a Comissão, a qual se encontra obrigada a responder a questões que aquele lhe coloque (art. 197.º do T.C.E.), deve anualmente apresentar-lhe um relatório geral sobre a actividade da Comunidade (arts. 212.º e 200.º do T.C.E.) e pode ser objecto da votação de uma *moção de censura* (art. 201.º do T.C.E.) que, se aprovada por maioria de dois terços, obriga à sua demissão em bloco. Na prática, de resto, também o Conselho se tem submetido às questões do Parlamento. Assiste ainda a qualquer cidadão da União o direito de, ao abrigo do *direito de petição* que o art. 194 do T.C.E. consagra, dirigir ao Parlamento Europeu quaisquer considerações sobre aspectos do funcionamento da Comunidade. Nesta sede, o Parlamento nomeia ainda um *Ombudsman*, competente para a direcção de inquéritos em casos de má administração na actuação institucional comunitária (art. 195.º do T.C.E.), e pode constituir uma *comissão de inquérito temporária* para análise de casos de infracção ou má administração no seio da Comunidade (art. 193.º do T.C.E.).

[57] Para efeitos de interposição de um *recurso de anulação* (via contenciosa prevista no art. 230.º do T.C.E. que permite a fiscalização pelo TJCE da legalidade Direito comunitário derivado) o Parlamento Europeu é um recorrente dito *semi-privilegiado*, cabendo-lhe acesso a este meio contencioso para salvaguarda das respectivas prerrogativas.

[58] O já referido art. 6.º do T.U.E. passou a referir-se, mais amplamente, aos *princípios da liberdade, da democracia, do respeito pelos Direitos do Homem e pelas liberdades fundamentais, bem como do Estado de Direito*, princípios de cujo respeito dependerão novas adesões (art. 49.º do T.U.E.), e de cujo incumprimento decorrerá a aplicação das sanções previstas no art. 7.º do T.U.E.

[59] A questão do *défice*, quando abordada *a latere* e não como tema principal de investigação, é pois de ordinário tratada como juridicamente, e — no que ora interessa — jurídico-penalmente, unânime: fá-lo, *v.g.*, Giovanni GRASSO 1996a:

Especificamente porém em matéria de *legalidade criminal*, e em particular na sua vertente impositiva de uma *reserva de lei*[60], cabe analisar com mais extensão as questões que se colocam, já que, se *genericamente* se não poderá afastar uma determinada solução comunitária tão-somente por não encontrar correspondência nos normais parâmetros de um ou outro Estado-membro, *em especial* poderá ter-se um determinado *princípio* por constitucionalmente irrenunciável.

A exigência, em matéria criminal, de *reserva de lei* concretiza-se no procedimento formal de adopção da lei, e no respectivo controlo da oposição parlamentar e da opinião pública[61]; mas nunca a *legalidade* deixará de buscar sustentação na *legitimidade*[62], por forma a que — agora prospectivamente — a lei aprovada segundo um procedimento pré-fixado venha a recolher obediência da parte do cidadão, porque a *legitimidade* visa o *consenso* imediato do ordenamento jurídico a que vá dando corpo. Ora, quanto a isto, dir-se-á que o sistema de referências *simbólicas*[63] sobre o qual repousa a ordem social (e que condiciona a adesão dos destinatários às normas) absorve *perfeitamente* a não-reserva: cidadão algum se sentirá apunhalado no seu acervo de cidadania quando uma norma criminal venha aprovada por um executivo com poderes legiferantes tal como hoje o temos.

25, ou 1998: 3. Sobre tudo isto, Roland RIZ 1984: 11, e também Jean-Claude PIRIS 1994: 1 — que reconduz o *défice* à falta de poderes do Parlamento Europeu *semelhantes aos de um parlamento nacional* (e à consequente atribuição de poder legiferante a um órgão executivo). As *desilusões* de Ugo VILLANI 1992: 639, referem--se — uma vez mais — a uma *certa* democracia: ao que o Autor qualifica como mecanismos *realmente* democráticos (*idem*: 640).

[60] O enunciado latino *nullum crimen, nulla poena sine lege* é da lavra última de Paul Anselm Feuerbach. Cfr. Teresa BELEZA 1998: 330; A. CASTANHEIRA NEVES 1995: 349; Manuel CAVALEIRO DE FERREIRA, 1997: 55; Adolfo FORTIER DÍAZ 1992: 151; Günther JAKOBS 1991: 79; André LAINGUI 1986: 29.

[61] Cfr. Stefano MANACORDA 1995: 58

[62] Cfr. Enzo MUSCO 1993: 80.

[63] Sobre esta dimensão simbólica, Jacques CHEVALIER 1990: 1651ss e, especialmente, 1661ss.

É possível gizar a linha que separe os resultados da incidência de um princípio *democrático*, que dirige a preocupação para questões de qualificação orgânica — a reserva *de Parlamento* — e aqueles outros que sejam impostos por princípios de *Estado de Direito* e de *separação de poderes*, ao abrigo dos quais se discutirá a *materialidade da lei*[64]. E se o problema legislativo se há-de formular com apoio na forma segundo a qual uma determinada opção constitucional estruture os poderes do Estado, encontrando as *funções* do Estado a sua racionalidade na *definição orgânica*[65], então o problema da reserva *de Parlamento* é um problema meramente nacional[66]. Desta forma[67], e apontando-se à legalidade criminal uma função *constitutiva* (convocada no que se reporta ao problema do *objecto material* e do *conteúdo* do Direito), e uma outra de *garantia* (disciplinadora do exercício jurídico do poder, e por exigência da qual importa a *definição institucional formal* desse exercício), só se terá por imprescindível "uma institucionalização formal adequada ao cumprimento daquela função de garantia"[68].

---

[64] Cfr. Manuel Afonso VAZ 1992: 35. Para uma visão comparatística do princípio de legalidade como decorrência da tradição democrática, Pierre BON 1990: 9ss e, em particular sobre a reserva de lei, 42ss.

[65] Cfr. Manuel Afonso VAZ 1992: pág. 387ss.

[66] E como tal se encontra justificado. Assim, *v.g.*, Claus ROXIN 1997: 148, encontra no princípio democrático baseado na divisão de poderes um fundamento da legalidade criminal, mas sem deixar nunca de se situar em uma óptica de *teoria do estado* e de *psicologia social* que são puramente nacionais.

[67] E acompanhando completamente A. CASTANHEIRA NEVES 1995: 405ss.

[68] Cfr. A. CASTANHEIRA NEVES 1995: 406. A conclusão é só uma: terá de ver-se uma *contingência histórica* (histórico-política, sobre a qual se poderá ler Manuel Afonso VAZ 1992: 85ss) "no facto de essa institucionalização ter assumido nos sistemas jurídicos europeus continentais o *modus* da legalidade" (*idem*: 406). Tal contingência (salienta-o Susana Huerta TOCILDO 1993: 84) foi o imperativo, reflectido no domínio criminal também através das influências de Rousseau e Montesquieu, de atribuir a um órgão de instituição democrática a competência normativa criminal, retirando-a das mãos do soberano e promovendo assim uma *auto-limitação* dos poderes do Estado. Sobre tudo isto, v. também Teresa BELEZA 1998: 330ss; Alessandro BERNARDI 1994a: 19; Marcello CAETANO 1949: 7; Manuel CAVALEIRO DE FERREIRA 1982: 90ss e 1997: 54ss; Eduardo CORREIA

Nada mais — e, certamente, não o *legalismo* parlamentar[69]. Um não afastamento, assim, da *reserva* de *lei formal*[70] passaria por descobrir-se um *mais* substancial[71] que aquela *reserva* trouxesse aos

---

1999: 84ss; Adolfo FORTIER DÍAZ 1992: 162; Günther JAKOBS 1991: 79; Jorge MIRANDA 1989: 687, e também Jorge MIRANDA e Miguel Pedrosa MACHADO 1994: 473; Maria Fernanda PALMA 1994: 58; Carmen Lamarca PEREZ 1987: 100; Claus ROXIN 1997: 142; José de SOUSA E BRITO 1978: 202ss.; Juarez TAVARES 1987: 753.

[69] De resto inapto, por si só, para assegurar aquela função de *garantia* (assim A. CASTANHEIRA NEVES 1995: 418).

[70] O princípio de legalidade determina que a Administração se subordine à Legislação (*melhor*: à *normação* legislativa: Francisco RUBIO LLORENTE 1993: 13). E mesmo com esta visão funcionalista se não evita a fenomenologia política da subordinação parlamentar ao Governo através da disciplina partidária que permite controlar a maioria, desvirtuando, como assinala o mesmo RUBIO LLORENTE 1993: 24, um princípio de reserva *relativa*, remetido para o limbo da nua formalidade de *tudo estar bem* com uma habilitação decisória do Governo, mas que se aplicará igualmente, ao que parece, à reserva *absoluta* (aos positivistas padrões do legalismo formalista de que fala Fernando LÓPEZ AGUILAR 1997: 64), sem que o formalismo desapareça pelo simples facto de não ser tão visível. Adolfo FORTIER DIAZ 1992: 151 sustenta aliás que a *lógica formal abstracta* que envolve o princípio de legalidade é um tipo de raciocínio conceptualista que tem por efeito encobrir as essenciais querelas ideológicas que alimentariam o próprio desenvolvimento do Direito Penal substantivo: nestes termos será o formalismo legalista uma forma de negação das *disjuntivas ideológicas* juscriminais, que assim permanecem ignoradas no lugar de discutidas, e ultrapassadas.

[71] E ainda que identificássemos — o que seria discutível — alguma maisvalia *normativa*, decorrente da legitimação democrática, da lei parlamentar face à *lei* do Governo, uma maior justiça procedimental, uma maior *materialidade* (v. J.J. Gomes CANOTILHO 1993: 699ss), nunca essa argumentação se sustentaria num quadro juscomunitário de argumentação (aliás Ulrich SIEBER 1993, sublinhando o carácter *constitucional* de uma argumentação fundada na legalidade, relembra que nunca tal argumentação operaria face aos textos de Direito comunitário) não se lhe encontrando, de resto, submetido o TJCE senão, mas aí as exigências serão diversas, por via da consideração que lhe merecem as tradições constitucionais dos Estados-membros e a obediência ao princípio do Estado de Direito, como se referiu já. Claro que se coloca uma questão de incompatibilidade entre as orientações constitucionalmente sentidas e as comunitariamente possíveis, questão que se resolve regularmente nos termos das relações ordenamentais... o que não deixa de remeter para um *ghetto* nacionalista a axiologia constitucional.

corolários normalmente aceites da *legalidade*[72]; não parece ser o caso[73].

Fazendo-se assim o elogio da juridicidade *material*, não o da mera legalidade[74], dar-se-á parecer *jurídico* favorável ao abandono

---

[72] Estruturam-se normalmente os corolários *normativos* do princípio de legalidade (e cfr. Agnés CERF-HOLLENDER 1994: 10 acerca da repercussão desses corolários, no domínio empírico, sobre a *qualidade* da lei penal): *lege scripta*, exigência de lei "em sentido jurídico-constitucional estrito" (A. CASTANHEIRA NEVES 1995: 355) e atinente à legitimidade e à titularidade política e jurídica do poder punitivo (*idem*: 390); *lege praevia*; contentora da proibição da rectroactividade *in malam partem* (*idem*: 361); *lege certa*, condição de *possibilidade* dos anteriores (*idem*: 370) que impõe um determinado conteúdo prescritivo sem excluir construções compreensivas (*idem*: 373 e 376); *lege stricta*, que proscreve a analogia desfavorável. Procede-se assim, tradicionalmente (também, *v.g.*, Angelo Piraino LETO 1989: 205ss ou Klaus TIEDEMANN 1987: 107ss) a uma densificação da *legalidade* criminal exclusivamente através de corolários qualificativos acessórios, adjectivais e materiais, *especificações* do princípio (A. CASTANHEIRA NEVES 1995: 389) que no entanto, e por isso mesmo, não merecerá qualificação na *generalidade*.

[73] As questões que ora nos ocupam são, como se disse, questões de legitimidade (e sobre a *legalidade*, a *legitimação* — primacialmente reguladora da *constituição* do poder — e a *legitimidade* — primacialmente reguladora do seu exercício — como condições, geral a primeira, especiais as segundas, para o reconhecimento e a recepção sistemáticos de uma *função* como *poder*, cfr. Gino CAPOZZI 1989: 278; ou Francesco PALAZZO 1997: 699), e aí não bastam critérios de consenso ou maioria parlamentar (cfr. Maria Fernanda PALMA 1994: 24). Ainda que se queira encontrar uma *justificação ontológica* na legalidade criminal — como o quer Ana Filipa Santos CARVALHO 1998 —, por reivindicarem as assembleias nacionais para si a efectiva representação de uma comunidade nacional, novamente se dirá tratar-se aquela de uma unidireccionalidade histórica: a vigência de uma legislação comunitária não incute no cidadão da União, enquanto tal, uma consciência da *alteridade*: e a falta desta consciência não prejudica esta assunção comunitária de competência normativa no que tange o *mais íntimo* dos direitos pessoais. É que, neste tocante, tão-pouco existe uma consciência de *cidadania nacional*. Para lá disso, não seria nunca viável considerar submetido à legalidade o (que se tenha por) *Kernstrafrecht*, e não já o *Nebenstrafrecht* (*idem*: 23).

[74] Segundo A. CASTANHEIRA NEVES 1995 deve dar-se como adquirida já a conclusão de acordo com a qual o actual sentido da legalidade criminal se não reconduz ao da sua inicial formulação iluminista-positivista, que legitimava a legislação criminal atribuindo o respectivo poder a uma assembleia representa-

do *legalismo* formal remetendo-se a questão para o exclusivo campo da *política*[75].

E não deixa de ser significativo que mesmo aqueles que mais invocam *o défice* democrático, e mais se apegam ao clássico legalismo parlamentar, não cheguem a impor, como condição de admissibilidade de uma competência normativa comunitária no campo penal (e mesmo de uma óptica minimalista), o que para eles seria uma normação *democraticamente legítima*: limitam-se a exigir uma *certa* intervenção do Parlamento Europeu[76] o que, em termos de legalidade, não acrescenta muito — ou não acrescenta nada: a dissemelhança do sistema comunitário é, como acabam por reconhecer, um ponto inultrapassável; tudo o mais é um discutível desenhar de fronteiras[77].

---

tiva, e ter-se por insuficiente o critério *formal* (*idem*: 350). Também assim, Jorge MIRANDA 1989: 688 e, identicamente, Jorge MIRANDA e Miguel Pedrosa MACHADO 1994: 473, ou ainda Günther JAKOBS 1991: 88, afastando considerandos democráticos como adequada fundamentação da legalidade.

[75] No mesmo sentido, António Manuel de Almeida COSTA 1994: 202, entendendo a legalidade como limitada à proibição de retroactividade e à imposição de que sejam diversos os órgãos legislador e aplicador (mas posicionando-se sempre de uma óptica, *de jure condendo*, da perspectivação de um "Direito penal europeu"). Outros excursos de reflexão — como aqueles que, reinterpretando a clássica *irrenunciabilidade* da reserva de lei, não reconhecem aos parlamentos nacionais idoneidade para a elaboração técnica de textos normativos, sugerindo a *delegação legislativa* (cfr. Ferrando MANTOVANI 1995: 150), ou argumentando com a *racionalidade política substancial* à reserva (cfr. Sergio FOIS 1966: 601, e Maria Fernanda PALMA 1994: 89) — não conduzem necessariamente a uma conclusão diversa (também no Conselho tomam assento diversas sensibilidades e vários percursos políticos; e, não sendo — excepcionalmente — o caso, também esse facto será *politicamente* significativo).

[76] Naturalmente através de uma participação mais interventiva no processo de co-decisão: assim, e *v.g.*, Pedro CAEIRO 1996: 205; J. DARRAS 1991: 17; Charles REICH 1991: 14; Angelo MATTIONI 1987: 1; Klaus TIEDEMANN 1993: 223 e 231, e 1998: 21.

[77] Com tudo isto pretende apenas afirmar-se a desnecessidade de uma reforma *institucional* para que à Comunidade Europeia possam ser atribuídas competências nesta matéria, e não a desnecessidade desta *atribuição*. O recurso aos *poderes implícitos* do art. 308.º do T.C.E. está, obviamente, excluído (mas não

pelas razões mais imediatamente aparentes: a clássica formulação dos *implied powers* talvez permitisse a assunção de competências penais; apenas não assim a formulação comunitária, cerceada pelo princípio da competência por atribuição; fica prejudicado, e é interessante observá-lo, o que seria o *interesse comunitário* pela própria formulação *comunitária* que mereceu o princípio.

4. O DIREITO COMUNITÁRIO SANCIONATÓRIO

Em regra, e como de resto se verá, a *prevenção* e a *repressão* de violações do Direito comunitário estão cometidas, com exclusividade, aos instrumentos punitivos criminais dos Estados-membros, sempre que não seja suficiente o recurso aos autónomos poderes sancionatórios administrativos juscomunitários[78]. Existe, de facto,

---

[78] Embora se não deva ver nesta espécie de *subsidiariedade* da intervenção penal nacional uma qualquer manifestação gradualista: a decisão sancionatória administrativa comunitária *não traduz* uma decisão comunitária *negativa* de merecimento de intervenção penal para a mesma conduta, nem releva de qualquer política de protecção criminal dos bens jurídicos e interesses especificamente comunitários. Aliás, admite-se normalmente — assim Alessandro BERNARDI 1994a: 20 e 43 —, e independentemente de afloramentos positivados comunitários, mais ou menos pontuais, sobre o assunto (como o Regulamento (CE, Euratom) n.° 2988/95 do Conselho, de 18 de Dezembro de 1995, que contém uma disciplina geral das sanções comunitárias em sede de tutela dos interesses financeiros da Comunidade e que, não sendo exaustivo no que toca aos meios repressivos, alude, nos considerandos 9 e 12, à aplicação das sanções penais nacionais), a cumulação destas sanções comunitárias com sanções nacionais *penais* previstas para os mesmos factos (v. também, especificamente sobre a matéria, Nathalie COLETTE-BASECQZ 1996: 463, e igualmente Giovani GRASSO 1993a: 761ss). Pode argumentar-se que o efectivo concurso, até porque as sanções comunitárias são previstas como um *mínimo* e porque não podem elas ceder — por um argumento de primado — perante as nacionais, será *de jure condito* admissível: é a estrutura de raciocínio de Giovanni GRASSO 1993a: 761; dir-se-á contudo ser *descabido* o recurso fundamentador ao *primado*: as normas que prevêm umas e outras sanções não estão dotadas de uma comum vontade aplicativa, não devendo ter-se por *incompatíveis* para efeitos de primado; além de que — e por isso mesmo — protegem ou tutelam interesses diferentes, ou manifestações diversamente consequentes de um mesmo bem jurídico, tendo *por aí* cabimento ambas as aplicações.

um corpo sancionatório autónomo (embora não sistemático [79]), composto por normas incluídas em qualquer dos Tratados institutivos das Comunidades, designadamente (e, pelo menos, também paradigmaticamente) em matéria de concorrência [80].

Ora, e com especial premência, discute-se a eventual natureza *penal* de tais sanções: em maioria [81] se encontram pronúncias no sentido de que se trata de sanções de tipo administrativo [82], em tudo semelhantes às *Büsse* cominadas para as *Ordnungswidrigkeiten* do Direito alemão, e às *coimas* aplicáveis às *contra-ordenações*

Naturalmente, terão lugar, aquando da aplicação da *segunda* sanção, as correcções do que seja uma aplicação desproporcional (mas devido precisamente à *desproporção*, e não *directamente* a um argumento de *non bis in idem* — que não relevaria nunca originariamente, de resto, da Convenção Europeia dos Direitos do Homem mas de um Protocolo adicional, o Protocolo n.º 7, de 22 de Novembro de 1984), operando assim um *temperamento* aplicativo (cfr. Giovanni GRASSO 1993a: 763, e também 1994: 881).

[79] Mas cfr. John VERVAELE 1994: 973.

[80] Em particular, cfr. Gerhard DANNECKER 1995: 545. Além de disposições características do Tratado C.E.C.A., nas quais se cominam sanções pecuniárias para determinadas violações do Tratado ou de decisões da Comissão, e se investe a Comissão na competência aplicadora de sanções em determinadas situações, igualmente o art. 83.º, n.º 2, alínea *a)* do T.C.E., que atribui ao Conselho o poder de estabelecer multas e adstrições com o objectivo de garantir a eficácia dos regulamentos que adopte em matéria concorrencial: cfr. Giovanni GRASSO1994: 864, e Pedro CAEIRO 1996: 196.

[81] Cfr. Alessandro BERNARDI 1996: 19; Pedro Caeiro 1996: 196; Agata Maria CASTELLANA 1996: 751; Mireille DELMAS-MARTY 1997a: 625; Giovanni GRASSO 1989a: 48ss, 1998: 2, e 1996a: 10 e 16ss, Hans-Heinrich JESCHECK 1998: 232; Giancarlo OLMI 1981: 170; Antonio Cuerda RIEZU 1995: 623; Klaus TIEDEMANN 1985: 1414ss; a qualificação como direito *administratif quasi-pénal* permite que estas sanções se não coloquem «no caminho» do Direito Penal comunitário: assim, Françoise TULKENS, 1996: 15. Contudo, ficará, *in extremis*, legitimada a perspectiva segundo a qual a prisão (pena de instituição e desenvovimento *modernos*: cfr. José António VELOSO 1999: 527) é a única sanção exclusivamente penal (cfr. Alain DE NAUW 1996: 229).

[82] De facto, são tipicamente administrativos os interesses que pretendem prosseguir, e a aplicação respectiva compete a entidades administrativas através de decisões recorríveis perante uma jurisdição comum.

nacionais, e ao idêntico ilícito administrativo italiano [83]; contrariamente é avançado o entendimento segundo o qual serão estas sanções comunitárias *ontologicamente penais* [84], dado o seu carácter repressivo, e não exclusivamente reparador. É este o fundamental ponto que estas *teorias de conspiração* adoptam como distintivo [85]; resta saber se será realmente por aqui que passa a distinção entre sanções penais e não penais [86]; deveria, ao invés, procurar-se talvez a promoção de uma abordagem *fenomenológica* [87], agora com acrescido fundamento para que se parta *ab initio* da realidade comunitária: o facto de os conceitos de *sanção criminal* e de *sanção contra-ordenacional* não serem geneticamente comunitários. Poderá, sim, é ser por aqui que passe a distinção entre o que formalmente se

---

[83] No seio dos quais se admite a responsabilização *quase penal* de pessoas colectivas, ainda que em sede juscriminal venha essa hipótese regularmente afastada. Sobre a discussão da articulação desta tipologia de sanções, e da sua natureza, com a responsabilidade das pessoas colectivas, v., por todos, Agata Maria CASTELLANA 1996).

[84] E, seguindo-se esta posição, a afirmação do contrário constituiria uma mera ficção jurídica introduzida no ordenamento comunitário com o exclusivo e específico propósito de *não criar problemas* aos Países que não reconhecem a responsabilidade *criminal* de pessoas colectivas. Assim Robert LEGROS 1964: 194. Claro que o reconhecimento de um carácter verdadeiramente *penal* às sanções comunitárias adensará o problema, *supra* tratado, da vigência do princípio de *non bis in idem* face à aplicação de sanções criminais nacionais em cujas previsões recaiam os factos já sancionados comunitariamente.

[85] Assim, *v.g.*, a Convenção para a *protecção dos interesses financeiros* da comunidade, de 26 de Julho de 1995, foi antecedida de regulamentos nos quais se cominavam sanções com um âmbito que ultrapassava o que seria a mera *reparação* do dano causado; no que excedesse essa medida reparadora, ver-se-ia na sanção dita *"administrativa"* uma verdadeira sanção criminal. Cfr. também Nathalie COLETTE-BASECQZ 1996: 463.

[86] Como salienta José de FARIA COSTA 1983: 141, o reincidente objecto de análise nesta sede é o da delimitação do que seja o Direito penal, e das suas fronteiras: forma canónica, ou núcleo essencial; assiste-se, efectivamente, à *recorrência* da questão neste plano comunitário, mas talvez de forma não completamente acertada, como se explica no texto.

[87] Semelhante à proposta por Manuel da COSTA ANDRADE 1998: 104.

inclui ainda no indefinido conceito de *sanção comunitária* e o que o já não seja[88]: a sanção *prisional* não será decerto, da óptica taxonómica nacional, a única sanção verdadeiramente criminal, mas de um ponto de vista comunitário seria *a única* em relação à qual qualquer outro qualificativo resultaria inadmissível. Fica assim materialmente ilimitada a esfera das sanções comunitárias. Questiona-se portanto a aplicação às sanções comunitárias das qualificações *"criminal"* ou *"contra-ordenacional"*, correspondentes a critérios classificatórios de fundação nacional[89] e justificados apenas pelo papel constitucional que o Direito penal desempenha nos Estados--membros[90].

---

[88] E sobre a autonomia conceptual e metodológica e, portanto, também classificatória, do Direito comunitário, Alessandro BARATTA 1968: 21.

[89] Sendo aceitável defender-se a revisão dessa tradicional classificação: cfr. John VERVALE 1994: 974. Referem-se Jean PRADEL/Geert CORSTENS 1999 a uma *noção moderna de sanção penal*, noção na qual se antecipará uma desconsideração, enquanto critério de selecção, de finalidades institutivas, a favor de finalidades de execução (e subsistirão no domínio comunitário, no qual é hoje a *prisão* absolutamente inverosímil, as considerações de *prevenção especial positiva* que orientam — cfr. Jorge de FIGUEIREDO DIAS 1993: 110 — as penas privativas de liberdade?), sendo assim indistinta a classificação de uma sanção como criminal ou como administrativa, desde que a Comunidade tenha competência para a impor. Isto é: ter-se-á por penal ou por *para*-contra-ordenacional um preceito consoante a *Strafwürdigkeit* do comportamento ilícito que integre a sua previsão, e a sanção será *correspondentemente* proporcional. Regressar-se-á, por esta via, ao *gradualismo*? Não será esta *noção moderna* (e, sobre o actual estádio científico da penologia, José António VELOSO 1999: 530) a expressão dogmática da *ficção* apontada por Robert LEGROS?

[90] Em todo o caso terá pertinência observar-se que, se *na origem* do ilícito de mera ordenação social se encontram a compatibilização de um ideal liberal de *mínimo na* intervenção do Estado com um ideal moderno que exige um *mínimo de* intervenção — cfr. Frederico de Lacerda da COSTA PINTO 1997: 95, que aliás destaca uma originária e tendencial menor relevância qualitativa, ou axiológica, das condutas em causa, prejudicada porém por uma crescente e *des-autonomizadora* aproximação qualitativa e quantitativa ao Direito Penal —, actualmente se busca a qualificação de forma *aposteriorística* para calar e contornar objecções formais. Por isso tem razão aquele Autor ao entender que sai prejudicada a virtualidade dogmática da figura da contra-ordenação como *modelo de ilícito comum*

A existência de previsões sancionatórias comunitárias *fora* do domínio concorrencial — em particular, o art 229.º do T.C.E. — permite, e naturalmente, que se indague mesmo da possibilidade da imposição comunitária de sanções do género das que vêm sendo tratadas *para lá* do que os Tratados *expressamente* prevejam. A resposta é negativa[91] e não pode afirmar-se existir, verdadeiramente, um *sistema* sancionatório não criminal juscomunitário[92].

---

a um ordenamento jurídico europeu, seguindo Carlo Enrico PALIERO 1995, que analisa, na senda de Tiedemann, as virtualidades de *exportação* da figura.

[91] Será uma *broader interpretation* a afastar (Hanna G. SEVENSTER 1992: 53) a que veja naquela norma admitida uma competência sancionatória geral, como faz Marco BOSCARELLI 1981: 90 e 91, ou Eugenio DELLA VALLE 1989: 1146. De facto (e também assim Pedro CAEIRO 1996: 197), o art. 229.º do T.C.E. não pretende a atribuição ao Conselho de uma competência genérica de criação de sanções, mas apenas a atribuição de plena jurisdição ao TJCE. Giovanni GRASSO 1996a: 13, e 1998: 4, exclui aquela interpretação, ainda, por contrária ao princípio de *legalidade*; uma vez mais se apontará parecer tal argumento deslocado: a norma, simplesmente, não comportará tal interpretação. O facto de se não entender o art. 229.º como *habilitante*, contudo, não inviabiliza (e assim Giovanni GRASSO 1993a: 744) que dele se possa extrair o argumento segundo o qual seria uma incoerência redaccional do Tratado entender-se que aquele artigo se referiria (*melhor*: se quereria referir), em substância, apenas ao caso — explícito — do art. 83.º, devendo reconhecer-se um poder sancionatório às instituições comunitárias em *todos os casos* em que o Conselho esteja habilitado a adoptar "todas as medidas necessárias".

[92] Embora possa desenhar-se uma estruturação tipológica de sanções: cfr. Giovanni GRASSO 1998: 5, ou 1994: 864. Esboça este Autor uma categorização em (a) *ammende* administrativas como as do art. 87.º do Tratado CE, e (b) sanções, ultimamente instituídas — cfr. 1993c: 265 — no âmbito das políticas agrícola comum e comum de pescas, destinadas a aplicação *nos sistemas nacionais* (o que novamente coloca óbvios problemas de uniformidade), de carácter *sui generis* mas idêntica natureza administrativa.

5. INCIDÊNCIA PENAL DO ORDENAMENTO JUSCOMUNI-TÁRIO NOS ORDENAMENTOS NACIONAIS: OS EFEITOS "NEGATIVO" E "POSITIVO"

Em sede específica do que hoje seja a *efectiva* e *sensível* incidência do Direito comunitário nos Direitos penais dos Estados--membros[93], é comum distinguir o *efeito positivo* e o *efeito negativo*

---

[93] É certo que quer o Título IV (artigos 61.º e seguintes) do T.C.E., quer o Título VI (artigos 29.º e seguintes) do T.U.E. integram disposições de relevante dimensão juscriminal, o primeiro em sede metodológica de integração e o segundo no quadro da *cooperação intergovernamental*. A metodologia do terceiro pilar destina-se, em particular no campo penal — e assim Gérard SOULIER 1998: 252ss — a desbravar o percurso da cooperação, nomeadamente, em matérias eminentemente processuais e de execução de decisões ou em sede de processos de extradição, ou a promover a prevenção de conflitos competenciais. Metodologicamente, neste plano decide o Conselho e por unanimidade, embora (art. 36.º, n.º 2 do T.U.E.) a Comissão seja *plenamente associada aos trabalhos*; prevê o art. 35.º do T.U.E. a competência (essencialmente prejudicial), nas condições aí constantes, do TJCE; e as *decisões-quadro* (art. 34.º, n.º 2, alínea *b)*, do T.U.E.) adoptáveis para efeitos de aproximação normativa, vinculando os Estados-membros *quanto ao resultado a alcançar, deixando, no entanto, às instâncias nacionais a competência quanto à forma e aos meios* são em tudo semelhantes a Directivas (não produzindo contudo, por *expressa opção* do legislador comunitário, efeito directo); sobre a metodologia de cooperação intergovernamental pode ver-se Maria Luísa DUARTE 1997: 35ss e Henry LABAYLE 1995: 57, justificando a *intergovernamentalidade* (ou a sua escolha em determinados momentos — com considerações atinentes à tecnicidade de certas áreas, à unanimidade, à exclusividade da iniciativa estatal), e 1997: 1ss, com explanação das tensões políticas que se encontram em jogo, e também Anna LO MONACO 1995: 11. Não serão de acompanhar, decerto porque datadas mas igualmente porque impulsivas, as considerações de Pedro CAEIRO 1996 segundo as quais resultaria claríssimo que a estrutu-

ração, pós-Maastricht, de todo o edifício penalmente relevante sobre um pilar de *cooperação intergovernamental* enquadrado pela coordenação do Conselho confirmaria plenamente a inexistência de uma competência comunitária em matéria penal — esquecendo também ser a tendência a da *comunitarização* e não, simplesmente, a da distribuição de matérias pelas duas áreas metodológicas com um carácter definitivo e de *pertença natural*. Já a metodologia *decisória* juscomunitária — e portanto no âmbito do primeiro pilar — se caracteriza pela maioria (eventualmente qualificada) na tomada de decisões pelo Conselho, precedendo proposta da Comissão e intervindo, por regra e como se deixou já explicado, o Parlamento Europeu. O *hiato metodógico* inerente, que pertinentemente se observará, vai coberto pela *passerelle* do art. 42.º do T.U.E., que abre uma ponte de comunitarização e constitui factor de atenuação (ao menos teoricamente, parece) do fosso metodológico entre pilares (neste sentido Jean PRADEL/Geert CORSTENS 1999: 410; em geral sobre a *passerelle* como *porta de comunicação* entre o pilar comunitário e os outros dois, Maria Luísa DUARTE 1997: 48). Nos artigos 29.º, § 2, 2.º travessão e 31.º, alínea *e)* do T.U.E. é possível encontrar previsões de *aproximação* das disposições de Direito Penal dos Estados membros através de uma adopção gradual de medidas *que prevejam regras mínimas quanto aos elementos constitutivos das infracções penais e às sanções aplicáveis nos domínios da criminalidade organizada, do terrorismo e do tráfico ilícito de droga*, assim como o art. 61.º do T.C.E. habilita o Conselho a adoptar *medidas no domínio da cooperação policial e judiciária em matéria penal, destinadas a assegurar um elevado nível de segurança através da prevenção e combate da criminalidade na União, nos termos do Tratado da União Europeia* (referência que sugere que tais medidas devam reportar-se ao objectivo e aos limites do art. 29.º do T.U.E., do qual por sua vez se chegará, por remissão, ao art. 31.º, alínea *e)*, do T.U.E., e que permite concluir que as medidas da alínea *a)* daquele art. 61.º do T.C.E. se encontrem *materialmente* condicionadas aos domínios, para os quais expressamente remetem, *da criminalidade organizada, do terrorismo e do tráfico ilícito de droga*, ao passo que as da alínea *e)* da mesma disposição se movimentarão no mais espaçoso campo material do art. 29.º do T.U.E; no mesmo sentido, Jean PRADEL /Geert CORSTENS 1999: 45). Entrando, de todo o modo, a *aproximação* de legislações no campo de aplicação do T.C.E., e sendo a Comunidade competente para a emissão de Directivas nessa matéria, sempre se terá presente *tanto* que entre as *Declarações* adoptadas pela Conferência dos Representantes dos Governos dos Estados-membros que aprovou o Tratado de Amesterdão se encontra uma, relativa precisamente à alínea *e)* do art. 31.º do T.U.E., segundo a qual *a Conferência considera*

daquele sobre estes[94]. Estamos, em qualquer dos casos, perante *obrigações* que são feitas impender sobre as esferas estaduais: a primeira, obrigação *de facere*; a segunda, *de non-facere* (isto é: de não entravar o processo integrativo europeu e, em especial, o exercício das decorrentes *liberdades*)[95].

Assim, a *neutralização*[96] de uma regra de direito penal nacional contrária ao Direito comunitário[97] é manifestação consequencial desse *efeito negativo* e expressão do *primado* do mesmo Direito comunitário[98], e pode caracterizar-se como *jus non puniendi* da

---

que o disposto na alínea *e)* do art. 31.º do T.U.E. *não terá como consequência obrigar um Estado-membro a adoptar penas mínimas quando o seu sistema judiciário as não preveja, como* que o art. 280.º, n.º 4, do T.C.E. exclui das medidas necessárias a adoptar pelo Conselho no domínio da prevenção e combate de fraudes ou outras actividades ilícitas lesivas dos interesses financeiros da Comunidade as que respeitem à *aplicação do direito penal nacional*.

[94] A terminologia é, contudo, variável. Jean PRADEL/Geert CORSTENS 1999: 406 fazem aproximar aqueles efeitos dos fenómenos, respectivamente, de *integração positiva* e de *integração negativa*; Hanna G. SEVENSTER 1992: 39 refere-se a *negative* e *positive influence*. Stefano MANACORDA 1995: 58 denomina "*expansivo*" o efeito *positivo*.

[95] E talvez pudesse configurar-se (e configurar-se *ontologicamente*), na sua generalidade, o Direito comunitário como uma *ordem obrigacional*: é aos Estados-membros que assistem as funcionalizadas competências de *execução ordenamental*.

[96] A expressão é de Mireille DELMAS-MARTY, já em 1992: 357ss, onde analisa estes fenómenos, geneticamente comunitários, de uma perspectiva de *estratégias de política criminal* (*e.g.*, cominação e aplicação sancionatórias; criminalização e descriminalização) e como elementos sistemáticos de *conformação* (*contrainte*) estrutural dessas mesmas estratégias de política criminal. Identicamente, 1997a: 613.

[97] A qual se terá, nos moldes gerais, por *inaplicável*: (cfr. Alessandro BERNARDI 1996: 16, e Filippo SGUBBI 1996: 119, salientando a possibilidade, de resto sempre aberta, de recurso ao art. 234.º do T.C.E.).

[98] Como se defendeu já (Luís DUARTE D'ALMEIDA 2000: n.º 1), a jurisprudência do TJCE sobre o *primado*, com o Acórdão *Simmenthal* (Processo 35/76), mas já desde o Acórdão *Costa c. Enel* (Processo 6/64), é menos criativa do que por vezes se afirma: será, antes, de um teor que se poderá dizer um tudo-nada mais *interpretativo*: pedagógico, quase; para que se aceite que as normas comunitárias

Comunidade [99] que plenamente se exerce [100] sem qualquer intervenção do legislador nacional [101], podendo respeitar à *incriminação* como à *sanção* [102]. Vem comummente associada, o que é natural, à

---

directamente aplicáveis prevalecem sobre o Direito nacional, no que nos interessa, não releva a discussão sobre se um princípio de *primado* determina uma prevalência *hierárquica* da norma comunitária sobre a nacional. O *primado* releva enquanto elemento de operatividade jurídica e judicial, e decorre simplesmente da repartição competencial de ordenamentos, a qual directamente se funda no Direito originário; esse relevo operativo tem portanto tradução numa consequência de *inaplicação* sem que se estabeleçam relações de parametricidade. Neste sentido, Eugenio DELLA VALLE 1989: 1141; Maria Luísa DUARTE 1995: 689, e 1997: 317. A *delimitação material* do primado resulta das fronteiras do que sejam as competências comunitárias de actuação (cfr. Jean PRADEL e Geert CORSTENS 1999: 433). Em todo o caso, problema diverso será o da densificação da noção de *incompatibilidade* para efeitos de aplicação do princípio de *primado*: requerer-se-á para este efeito que a norma comunitária tenha, ainda que parcialmente, pretensões *substitutivas* do conteúdo da nacional? Ou deverá (e parece melhor esta segunda via) ter-se por suficiente uma *mera* incompatibilidade material para que opere a *inaplicação*, ainda que por essa via se dê azo a uma omissão de normação?

[99] Expressão ainda, portanto, de uma aptidão harmonizadora — apenas negativa, geradora precisamente de uma *obligatio non puniendi* — do Direito comunitário: assim Alessandro BERNARDI 1997: 419; Pedro CAEIRO 1996: 190; Jorge de FIGUEIREDO DIAS/Manuel da Costa ANDRADE 1994: 345, e *idem* 1996: 16 (apelando porém a um princípio de *unidade de ordem jurídica* e ao *relevo do art. 31.º do Código* Penal); Antonio Cuerda RIEZU 1995: 624, mas já, também, André DECOCQ 1981: 3, e T.C. HARTLEY 1981: 33.

[100] E se exerce, obviamente, com validade presente e futura, inviabilizando normas nacionais posteriores (cfr. assim, exemplificativamente porque no tema, John VERVAELE 1990: 37).

[101] Cfr. Mireille DELMAS-MARTY 1997a: 612.

[102] E, embora a isso não se refira normalmente a doutrina — talvez devido à menor impressividade da situação — também neste tocante se colocariam, como é evidente, problemas de *reserva de lei* (a qual abrangerá a descriminalização). Qual a razão (e não será essa razão extensível?), neste caso, do silêncio das críticas constitucionalistas à violação *positiva* daquela reserva? É interessante notar que, já que a *neutralização* de certas incriminações, para lá de demonstrar a incompatibilidade das mesmas com o Direito comunitário, denota igualmente a sua não validade *relativa* no cotejo com demais Estados-membros, Autores há (como Mireille DELMAS-MARTY 1983: 41, Mireille DELMAS-MARTY/Pierre TRUCHE

protecção das *liberdades comunitárias* de circulação[103], e pode mesmo ver-se nela, de uma perspectiva de incidência sobre a *parte geral*, o surgimento de novas *causas de justificação* sempre que as normas comunitárias em causa tenham por escopo a *criação de direitos* individuais [104].

1996: 320, ou Saverio SICILIANO 1968: 485) que incluem no núcleo compromissório impostergável para que se alcance a *comunidade* político-criminal a ponderação *descriminalizadora*.

[103] Cfr. Mireille DELMAS-MARTY 1997a: 614; Roland RIZ 1984: 14.

[104] Postura de que se deu já notícia; cfr. agora também Flavia SFORZA 1993: 320. É resolver a questão *mais adiante* do que se resolveria pela defesa da mera inaplicabilidade do tipo criminal nacional em causa, o que não parece trazer qualquer vantagem, é dogmaticamente menos desejável e conduz, como se viu já, a que se argumente com base numa norma como o actual art.º 31, n.º 1 do Código Penal quando uma tal norma não detém, nesta sede, qualquer virtualidade justificante: poderia mesmo vigorar, por absurdo, um artigo contrário — a solução não seria diversa (sobre isto, inconclusivamente, Ana Filipa Santos CARVALHO 1998: 32 e, seguindo contudo esta óptica *nacional*, Lauretta DURIGATO 1968: 223). Contudo, a incidência de um efeito *negativo* pode verificar-se e ser operante em vários dos estratos de análise da *teoria da infracção criminal*. Aqui, exemplificativamente, a jurisprudência *Bordessa* (Processos C-358/93 e C-416/93), segundo a qual um importador não poderá ser incriminado por falta da menção, nacionalmente obrigatória e cuja omissão integre tipos criminais nacionais, da proveniência extracomunitária de um produto, *se* desconhecia, ou não devia conhecer, essa proveniência, por incompatibilidade de uma tal incriminação com o *sistema* comunitário de *livre circulação de mercadorias* (ainda que este *sistema*, naquele campo, resulte apenas de uma Directiva não transposta, já que, dotada a Directiva de efeito directo, se admitirá a sua invocação pelos interessados mesmo que não tenha sido transposta — e aqui verá quem quiser uma aplicação do princípio de *retroactividade da lei penal mais favorável*, embora discutivelmente um tal princípio deva ser tido por comum, como salienta Estella BAKER 1998: 376); temos portanto um princípio comunitário a traçar a linha para cá da qual se terá por aceitável o *desconhecimento* da lei: estará aqui o *princípio da culpa* sendo moldado pelo Direito comunitário? Ou comunitariamente caracterizada a *não censurabilidade* de um *erro sobre a ilicitude*? Ao nível da neutralização de *sanções*, afirmou igualmente já o TJCE (*v.g.*, Acórdão *Kraus*, Processo C-19/92) que um sistema sancionatório nacional em caso algum poderá comprometer liberdades comunitariamente garantidas (como aconteceria, por exemplo, numa situação de desproporcionalidade da sanção).

Já no efeito *positivo* estará em causa a adopção, por parte dos Estados-membros, de medidas positivas, dando assim — no exercício da sua natural competência executiva — novamente cumprimento a obrigações derivadas do ordenamento juscomunitário e, em especial, à latíssima obrigação de *cooperação* que directamente decorre do art. 10.º do T.C.E.[105]; relevantíssimo, aqui, o caso *Comissão c. Grécia* (dito *Milho Grego*), Processo 68/88, no qual o TJCE entendeu decorrer daquele artigo uma obrigação, para os Estados-membros, de sancionar as violações do Direito comunitário em condições análogas àquelas nas quais idênticas violações de bens *nacionais* de semelhante importância fossem também sancionadas[106], numa verdadeira exigência de *assimilação*[107], mas igualmente de *efectividade, proporcionalidade* e *dissuassividade*[108].

---

[105] Obrigação que tem sido objecto de uma exegese amplamente extensiva e sistemática, como nota Agata Maria CASTELLANA 1996: 760, e sobre a qual se poderá ver John TEMPLE LANG 1990: 645, e, especificamente no que ora interessa, Paola DE FRANCESCHI 1990.

[106] Irá aqui pressuposta uma identidade — ou, minimamente, um paralelismo — de *bens jurídicos* tuteláveis aos níveis comunitário e nacional? Isto é: que a distinção entre os bens jurídicos merecedores de tutela penal em um como em outro nível não encontra sensível sustento material? Ora descortinando-se — já se o viu — lacunas de paralelismo, como proceder para dar cumprimento à obrigação que se vem referindo? Por um critério de gravidade de lesões? Por categorias de bens jurídicos, com recurso a um critério *para-codificador*? Alude Ana Filipa Santos CARVALHO 1998: 35 à *teoria das obrigações constitucionais de tutela*, negando porém que da obrigação decorrente do art. 10.º directamente decorra a *imposição* da via penal, problema este ao qual atentamente se regressará.

[107] Herdeira, de resto, de antecedentes jurisprudenciais menos rigorosos (no acórdão *Amsterdam* Bulb, Processo 50/76, vira o TJCE no então art. 5.º do T.C.E. uma *faculdade* estatal de escolha de procedimentos idóneos ao cumprimento de obrigações comunitárias, o que incluía sanções penais, fórmula que mereceu críticas). Esta exigência viria, numa exemplar demonstração do que *the Court can achieve when its rulings resonate with a political agenda* (Estella BAKER 1998: 365), a ganhar codificação no actual art. 280.º do T.C.E. Cfr. também, assinalando-o, Gerhard DANNECKER 1993; Mireille DELMAS-MARTY 1997a: 612, e 1997b: 12.

[108] Critérios não contrastantes com o de *assimilação*, antes dele *delimitadores*: a assimilação traça um mínimo, e não o carácter satisfatório desse mínimo

São configuráveis como *limites* (mas intrínsecos) de um tal efeito *positivo* os *princípios juscriminais* de vigência *comum*[109], os quais conduzirão igualmente ao afastamento de alguns resultados de uma actividade de *interpretação* da lei nacional *conformemente ao Direito comunitário* por parte dos juízes de um Estado-membro[110].

(como afirma Agata Maria CASTELLANA 1996, a obrigação de assimilação é uma obrigação *de resultado* que o próprio Direito penal nacional poderá não estar em condições de satisfazer; e sempre se dirá que o limite superior de uma obrigação de resultado será a eficácia do próprio resultado; no mesmo sentido, Ana Filipa Santos CARVALHO1998: 29; Giovanni GRASSO 1992: 833; Klaus TIEDEMANN 1993: 216), indo assim espartilhada a pura discricionariedade do legislador nacional (discricionariedade que uma simples obrigação de *assimilação* sempre deixaria assegurada). Relembrando todavia as extremas dificuldades de controlo da correcta e — uma vez mais — uniforme observância destes critérios, Lucien DE MOOR 1991: 13. Antecipando uma evolução da obrigação de *assimilar* para, através de uma extensão do mesmo fundamento, uma obrigação de *adaptar* a legislação nacional por forma a conferir uma protecção jurídica, também análoga, a bens jurídicos comunitários, John VERVAELE 1991a: 583, embora com antecipação do que sejam as diferentes interpretações (e interpretações *legislativas*) que uma tal obrigação, em qualquer das suas vertentes, possa conhecer consoante o Estado-membro em causa.

[109] Cfr. Jean PRADEL/Geert CORSTENS 1999: 455. Assim os princípios: de *não retroactividade*, constante do art. 7.º, n.º 1, da Convenção Europeia dos Direitos do Homem e já reconhecido (também o refere Hanna G. SEVENSTER 1992: 43) pelo TJCE como comum a todas as ordens jurídicas dos Estados-membros, por exemplo, e expressamente, no acórdão proferido nos Processos C-74/95 e C-129/95; de *legalidade* (em constante tensão potencial com os resultados de uma interpretação conforme ao Direito comunitário); de *culpa* (normalmente feito derivar, mas duvidosamente, do art. 6.º da Convenção Europeia dos Direitos do Homem, porém não do Direito comunitário; ao nível da responsabilidade singular, e é apenas dessa que falamos quando falamos de culpa — e sem esquecer que o problema da responsabilidade objectiva é todo um outro no tocante a pessoas colectivas e à sua responsabilização criminal — seria necessário reconhecê-lo como integrador do *acquis juridique européen commun* para que fosse visto como impostergável); de *proporcionalidade*.

[110] A *interpretação conforme ao Direito comunitário*, expressão jurisprudencial das virtualidades harmonizadoras do ordenamento comunitário, nunca poderá, mesmo para quem a configure como corolário do *primado* (Alessandro BERNARDI 1996: 13), traduzir-se na forma de um procedimento analógico condu-

Ora sucede que o *primado* do Direito comunitário conhece uma delimitação simultaneamente material (já assinalada) e metodológica [111], domínio ao qual não é estranha a proporcionalidade, expressamente consagrada no § 3.º do art. 5.º do T.C.E.. Interroga-se porém da possibilidade de erigir a *proporcionalidade*, critério metodológico de intervenção comunitária, em verdadeiro critério metodológico, novamente, de uma *obrigação de intervenção*, agora nacional, em que se traduz a integração comunitária. Ora percebe-se que, sempre que a tutela criminal [112] de interesses — de *bens jurídi-*

---

cente à criação de um *novo ilícito* penal aberto ao desfavorecimento da resposta sancionatória. Cfr. igualmente, do mesmo Autor, 1997: 416, e também Ulrich SIEBER 1993: 254. Nesta sede entendeu já o TJCE que uma tal interpretação conforme a uma Directiva (necessariamente não transposta, ou não haveria parâmetro para a *conformidade* da interpretação) está negativamente limitada pela imposição de obrigações a particulares e, em especial, pela imposição, como consequência de tal interpretação, de responsabilidade criminal ao particular em questão: acórdãos *Kolpinghuis*, Processo 80/86, e *Arcaro*, Processo C-/168/95. Não resulta é suficientemente claro se esta limitação ao princípio da interpretação conforme pretende ser dotada de validade genérica, como paralelamente sucede em relação ao *efeito directo*, ou se apenas reflecte a compreensível excepcionalidade da solução no domínio criminal (perfilhando esta segunda hipótese, Hanna G. SEVENSTER 1992: 44).

[111] Nomeadamente, não é *desvinculada* a selecção de meios normativos: é ilegal o acto comunitário não fundado em uma base habilitadora expressa (específica ou genérica), não sendo igualmente livre a escolha da base idónea; na dependência da habilitação se cominam procedimentos formais.

[112] Jürgen WOLTER 1995: 52 e 53 associa a *subsidiariedade da intervenção criminal* à *proporcionalidade*, o que é diverso do que se defende no texto; mas cfr. Estella BAKER 1998: 362; Janet DINE 1993: 250, Giovanni GRASSO 1989a: 320; e já Luigi MARI 1981: 159. J.J. Gomes CANOTILHO 1984: 355, a propósito dos *impulsos legiferantes*, considera que o princípio de proporcionalidade vincula o legislador não apenas à observância de princípios de *necessidade* e de *adequação*, mas também à de um princípio de proporcionalidade *stricto sensu*, por forma a não deixar de estar assegurarda a *justa medida* dos meios dos fins juscriminais. O encontrar-se uma valia acrescida do princípio na sua formulação comunitária oferece, nos termos do que se expôs, mais um padrão de controlo da lei nacional; por efeito deste princípio *nenhuma* disposição de Direito penal nacional estará abstractamente arredada da influência juscomunitária (também Estella BAKER 1998:

cos — comunitários seja deixada a cargo dos legisladores nacionais, se condicione esta intervenção por aquela via.

Reiterando-se a inexistência de um *sistema* penal comunitário[113], será talvez possível identificar no efeito positivo (que não decorre simplesmente do genérico operar de *princípios comunitários* vigentes em matéria de *articulação ordenamental*) uma autónoma e juscomunitária vontade penal[114]. Particularmente do que ao legislador nacional respeite se tratará de seguida.

---

363), podendo aliás descortinar-se aqui um *novo parâmetro* de legalidade criminal (no sentido de parâmetro de legitimidade material) que resultará da necessidade de compatibilizar as normas penais nacionais com as exigências — directamente impostas por uma específica disposição normativa comunitária, ou decorrentes dos *princípios* aí tidos como vigentes (é esta a *bifurcatory structure of Community law defenses*; assim Estella BAKER 1998: 371) — do Direito comunitário; exemplar nesta sede o caso *Skanavi*, Processo C-193/94, no qual decidiu a instância comunitária não poderem os Estados-membros impor sanções tão *desproporcionadas* à gravidade da infracção que se tornem um obstáculo à livre circulação de pessoas; para Estella BAKER 1998: 372, este caso demonstra *the capacity of Community law principles to strike down draconian criminal and sentencing laws*.

[113] Os *efeitos* do Direito comunitário no domínio penal, que se abordaram, consubstanciam apenas, na expressão já comum, uma *comunitarização* do Direito penal interno, não veiculando qualquer autonomia discursiva (assim, Pedro CAEIRO 1996: 194)

[114] Cfr. Stefano MANACORDA 1995: 58.

6. O PAPEL DO LEGISLADOR NACIONAL: A CONSTRUÇÃO DAS NORMAS PENAIS

Assinala-se frequentemente a *incompletude* do Direito comunitário, dado o seu desprovimento de um quadro sancionatório plenamente adequado à efectivação, fiscalização e controlo do seu cumprimento[115] — também neste campo se noticia a *dependência* comunitária do legislador nacional para que se leve a cabo a tutela *penal* dos interesses comunitários: quer por *modificação* da legislação interna por forma a que tutele aqueles interesses, quer através da promanação de novos tipos, de elaboração *ad hoc*[116]. Uma tal intervenção legislativa nacional poderá ser espontânea ou comunitariamente determinada (com vantagens de *harmonização*), caso este cuja admissibilidade caberá discutir e cujos limites, sendo admissível, é imperioso traçar.

Tratar-se-á sempre — e é essa a *normalidade sistemática* em sede de tutela de interesses da Comunidade — de uma intervenção de autonomia meramente técnica: competem à legislação nacional a prescrição, a imposição e a execução de sanções criminais para comportamentos ilícitos cuja materialidade relevante vem contudo já sobre-delimitada[117]. Pragmaticamente se concluirá que a *incom-*

---

[115] Cfr. Hanna G. SEVENSTER 1992: 31; Jean PRADEL/Geert CORSTENS 1999: 407, ou John VERVAELE 1994: 933.

[116] Esta intervenção *integrativa* do legislador estadual *não deve ser tida* como intervenção *de legislação comunitária* (e, obviamente, não se discute que o não seja quanto à origem formal e à fonte de validade, mas quanto à materialidade rectora — isto é: quanto ao *espírito* e à *finalidade*: cfr. porém Hans-Heinrich JESCHECK 1968: 339).

[117] Assim, Jean PRADEL/Geert CORSTENS 1999: 407; Costanza BERNASCONI

petência decisória comunitária em matéria criminal respeita *não* ao Direito penal no seu complexo geral, *nem mesmo*, particularmente, à *factispécie* criminal: *apenas* à ameaça sancionatória [118].

Ora apresenta utilidade analítica a distinção das intervenções legislativas nacionais *espontâneas* (ou — atento o que se vem dizendo — não *directamente* sobre-determinadas) e aquelas que directamente decorram de uma *obrigação* comunitariamente imposta de específica tutela criminal.

No primeiro caso é paradigmática a tutela da *fraude na obtenção de subsídios comunitários*, pelo que o exemplo é necessário; e, de um ponto de vista de *estrutura da factispécie*, de quais sejam os *bens jurídicos* protegidos, e de qual a *conduta* criminalmente relevante, é possível identificar [119] dois modelos de intervenção: aquele que recorre a uma previsão típica especificamente construída para

---

1996: 460; Giovanni GRASSO 1989b: 378 e, identicamente, 1990: 840. É aliás actual e já corrente a separação, neste campo, entre *norma preceptiva* e *norma sancionatória*, separação à qual reconhece Klaus TIEDEMANN 1993: 213 um papel essencial na matéria, assinalando dirigir-se a norma preceptiva aos cidadãos e a sancionatória às instâncias aplicadoras do Direito; cfr. também Alessandro BERNARDI 1996: 29 e 30, e Costanza BERNASCONI 1996. Parece legitimar-se esta posição em uma *teoria autonomista* que veja na *norma sancionatória* de carácter penal muito mais do que um simples apêndice normativo; já quem enfatize a universalidade funcional do binómio preceito/sanção se inclinará para a atribuição a um mesmo orgão da competência para a promanação de ambos — afinal, da norma penal na sua inteireza —, sendo que a *nua* atribuição de competências delimitadoras do bloco sancionatório, no mínimo, é uma atribuição de um poder dependente e vinculado. Trata-se, afinal, também de discutir a validade de um princípio dito de *conexionação* típica normativa entre o facto proibido e a pena correspondente (o qual princípio entende Jorge de FIGUEIREDO DIAS 1989: 43 não ser, entre nós, uma imposição constitucional; contra, cfr. José de SOUSA BRITO 1978: 236, e Maria Fernanda PALMA 1994: 89 e 90).

[118] Cfr. Klaus TIEDEMANN 1993: 217. Contribui assim o Direito comunitário decisivamente (apenas não formalmente) para a construção do *tipo incriminador*; e, o que é prévio, leva-se já a cabo a esse nível o juízo de *dignidade criminal* das condutas em causa.

[119] Com Gerhard DANNECKER 1993: 967, Mireille DELMAS-MARTY 1997b: 12, e John VERVAELE 1991b: 120.

essa constelação de casos, e aquele outro que procurará (com maior ou menor sucesso) a aplicação à mesma, e *por assimilação*, de tipos penais que igualmente tutelem semelhantes bens nacionais [120]. O modelo seguido pelo legislador português parece ter sido o segundo [121].

Pela técnica *de assimilação*, seja esta — em cada caso concreto — mais ou menos comunitariamente determinada, promove-se uma extensão a bens jurídicos supra-individuais *não nacionais* daquilo

---

[120] É este o caso dos Direitos francês, belga e dos Países Baixos e, aí, o da aplicação do tipo de burla (*escroquerie*). Já nos casos dos Direitos alemão, grego, português ou espanhol — e em parte também por se exigir uma *disposição patrimonial* e a verificação de um *triplo nexo causal* para o preenchimento do tipo de *burla*, o que gera dificuldades probatórias em caso de fraude na obtenção de subsídios, por exemplo, através de falsas declarações — se chegou à introdução de um novo tipo criminal de condutas *fraudulentas* na obtenção de subsídios. De uma perspectiva sistemática (e, como nota Pedro CAEIRO 1996: 204, sendo objectivo da acção comunitária — art. 3.º, alínea *g)* — a garantia de que a concorrência não seja falseada no mercado interno), melhor se entenderá que as efectivas lesões jurídicas decorrentes de uma fraude na obtenção de subsídios se descortinarão na *frustração das metas económico-sociais da Comunidade* e não em qualquer diminuição patrimonial comunitária; por aí seria, daquela perspectiva de bondade sistemática, sempre melhor o segundo dos modelos assinalados (e cfr., sobre o *bem jurídico-penal* protegido na *fraude* e no *desvio* e com expressa opção pela conclusão qualificadora de que se tratarão de *crimes contra a economia*, Jorge de FIGUEIREDO DIAS/Manuel da Costa ANDRADE 1998, que criticam já no quadro deste segundo modelo a inserção, no *Strafgesetzbuch*, de um crime de *burla* de subvenções — *Subventionsbetrug* —, portanto como crime contra o património).

[121] O Decreto-Lei n.º 28/84, de 20 de Janeiro, prevê os tipos criminais de *fraude na obtenção de subsídio ou subvenção* (art. 36.º) e de *desvio de subvenção, subsídio ou crédito bonificado* (art. 37.º), e expressamente se tem partido do pressuposto da respectiva aplicabilidade para protecção dos interesses financeiros comunitários (assim Jorge de FIGUEIREDO DIAS/Manuel da Costa ANDRADE 1998, e de resto a já considerável jurisprudência nacional nesta matéria; poderão ver-se, *v.g.*, com relevo juscomunitário e apenas ao nível do Supremo, os Acórdãos de 07/11/91 (Vaz de Sequeira), 09/03/94 (Amado Gomes); 05/02/97 (Augusto Alves); 28/05/97 (Mariano Pereira), 27/11/97 (Sousa Guedes); 17/12/97 (Leonardo Dias); 28/10/98 (Martins Ramires)).

que seja o objecto da tutela penal nacional: a norma torna-se-lhes comum [122]. Apenas se terá de distinguir, de graduar, as diferentes medidas de uma tal *obrigação* assimiladora.

Pelo recurso comunitário a Directivas [123], via regular de harmonização jurídica [124] neste campo (art. 94.º do T.C.E.), manter-se-ia respeitada [125] a formal exigência de *reserva de lei* já que se garantiria a intervenção transpositora da assembleia nacional como verdadeira condição de vigência da incriminação, assim como aspectos substanciais de taxatividade e determinação da previsão penal (uma vez que a norma penal interna retomaria, como *seus*, todos os elementos comunitariamente pré-determinados da factispécie criminal). Ficaria, é sabido, por assegurar uma igualdade repressiva entre Estados-membros, que adoptariam — cumprindo a obrigação transpositora — diferentes incriminações específicas [126].

---

[122] E deve portanto ser colocado em destaque o fundo marcadamente *analógico*, de uma óptica do legislador nacional, deste tipo de técnica legiferante de protecção (cfr. Ulrich SIEBER 1995: 606), técnica, portanto, nem sempre possível, mas considerada como "*assai indicata*" por Giovanni GRASSO 1998: 32 e como *plus satisfaisante* do que a técnica de reenvio (abordada diante) por Mireille DELMAS-MARTY 1997a: 630. Sobre a assimilação cfr. ainda, mas de forma mais generalista, Francesco NUZZO 1996: 6.

[123] E não se está aqui esquecendo que, no mínimo, a obrigação *assimiladora* decorreria sempre, mas apelando ainda a uma iniciativa inteiramente própria, do referido artigo 10.º do T.C.E.: é essa a jurisprudência *Milho Grego*, o que se assinalou (e assim Agata Maria CASTELLANA 1996: 761; considera mesmo Hans-Heinrich JESCHECK que o art. 10.º do T.C.E. *obriga* a que os Estados tenham essa iniciativa *própria*... Cfr., igualmente, Giovanni GRASSO 1996a: 23, ou 1990: 859, onde chega a defender que o pr. do art. 5.º impõe um *certo grau de harmonização*).

[124] E cabe aqui recordar o que se deixou dito, acima, na nota 93.

[125] Cfr. Stefano MANACORDA 1995: 66, e Giovanni GRASSO 1990.

[126] Entre muitos, Giovanni GRASSO 1989a: 168, sendo porém certo que *nunca* uma aplicação do Direito comunitário verdadeiramente uniforme seria *alcançável* (também Stefano MANACORDA 1995: 61). Em busca de uma maior *uniformidade* foi assinada em 26 de Julho de 1995 (embora não tenha ainda entrado em vigor) uma Convenção relativa à protecção dos interesses financeiros das

E se igualmente uma assimilação determinada directamente por uma norma de um Tratado [127] não colocará, ao menos formalmente, objecções de ilegitimidade democrática — já que a via é pactícia e sujeita a ratificação —, o mesmo se não poderá dizer dos casos em que a mesma obrigação integre um Regulamento ou qualquer outro instrumento jurídico [128].

Comunidades, acolhida de forma optimista, por Autores como Alessandro BERNARDI 1997: 425, como expressão do *dualismo* da metodologia de cooperação, mas *intrinsecamente defeituosa* para outros, como Ulrich SIEBER 1999: 10, ou Giovanni GRASSO 1998: 12, e por causa disso mesmo: por metodologicamente se encontrar no mero quadro da *cooperação*, e não no de comunitarização (embora, de facto, *falte* a competência comunitária harmonizadora nesta matéria: *não é possível* interpretar-se o art. 280.º do T.C.E., conjugadamente com o art. 94.º, no sentido de aí se encontrar a base jurídica para uma acção normativa comunitária de harmonização das regras penais dos Estados-membros: a interpretação daquelas normas simplesmente não comporta um tal sentido em nenhum dos elementos a que se recorra, além de que os termos utilizados, "colaboração", "coordenação", não são neutros ou semanticamente vagos, não querendo dizer nada mais do que isso e referindo-se, de resto, a uma acção institucional e não a uma acção normativa; assim, Henry LABAYLE 1995: 45, mas, contra, Giovanni GRASSO 1998: 12). Nesta Convenção expressamente se reconhece encontrar-se o Direito penal materialmente *a cargo* dos Estados (e daí a própria celebração da Convenção), e por via da sua celebração se obrigam os Estados a *incriminar* a fraude comunitária. Sobre a Convenção, mais aprofundadamente, Mireille DELMAS-MARTY 1997a: 639, e Hans-Heinrich JESCHECK 1998: 235.

[127] De que é ilustração mais significativa a disposição do originário art. 194.º, n.º 1, do Tratado da Comunidade Europeia da Energia Atómica.

[128] Assim os já antigos exemplos do art. 27.º do Estatuto do TJCE, aprovado por *Protocolo anexo ao Tratado da C.E.E.*, segundo o qual "os Estados-membros considerarão qualquer violação dos juramentos das testemunhas e dos peritos como se a infracção tivesse sido cometida perante um tribunal nacional com competência em matéria cível" e "o Estado-membro em causa processará os autores desse delito perante o órgão jurisdicional nacional competente", mas mais decisivamente os do art. 5.º do Regulamento do Conselho n.º 28/62, ou o do art. 5.º do Regulamento n.º 188/64, que igualmente visam promover uma assimilação em matéria de segredo estatístico. Nestes últimos casos, ao menos, estaremos perante Direito derivado, inadmissível na medida em que pretenda impor (indirectamente, é certo, mas sempre que seja escolha do Estado reprimir penalmente as situações internas paralelas) a escolha da via penal. Sobre isto, Stefano MANACORDA 1995:

É evidente o problema interpretativo colocado pelas obrigações de assimilação: não lhes dando o legislador cabal cumprimento, poderá o juiz — que é ainda *Estado* para efeitos da obrigação de cooperação do art. 10.º do T.C.E. — recorrer à extensão interpretativa dos tipos penais por forma a neles abranger as lesões a bens jurídicos comunitários? Poderá, nestes termos, um qualquer juiz de um Estado-membro determinar a extensão à fraude na obtenção de subsídios de um clássico tipo de *burla*, a partir do momento em que sobre o Estado impenda a obrigação de assimiladamente tutelar[129]? A resposta só pode ser absolutamente negativa, por contrariamente saírem violados os princípios de determinação e cognoscibilidade da norma penal[130].

61; Jean PRADEL/Geert CORSTENS 1999: 467, e Hanna G. SEVENSTER 1992: 32. Klaus TIEDEMANN 1993: 215 considera duvidosa a legitimação institucional comunitária para a realização desta assimilação sempre que, de facto, se não trate de um Tratado, considerando (ambiguamente) *escasso* o uso desta possibilidade por meio de direito derivado. Mais claramente se dirá que, de um ponto de vista de *legitimação* material, não se preenchem os requisitos impostos pela *legalidade* — embora não, como se defendeu, por qualquer *menoridade democrática*, mas tão simplesmente porque extravasam do *actual* acervo de atribuições da Comunidade.

[129] Sobre o problema, cfr. Klaus TIEDEMANN 1993: 210. É também, mas mais mitigadamente, o que acontece — como se deixou referido — com a inclusão da *fraude na obtenção de subsídios* de origem *comunitária* no tipo criminal do art. 36.º do Decreto-Lei n.º 28/84, de 20 de Janeiro, o qual, se a não exclui liminarmente, também a expressamente não inclui. Corresponderá isto a uma interpretação *extensiva* aposterioristicamente legitimada pela inclusão da obrigação tutelar na ordem jurídica?

[130] No mesmo sentido Stefano MANACORDA 1995: 63. Klaus TIEDEMANN 1991: 533, embora afirme que *uma parte* da problemática da tutela penal dos interesses juscomunitários pode resolver-se por via interpretativa, e apesar de admitir como possível que uma tal obrigação interpretativa se faça derivar do art. 10.º do T.C.E. (1993: 215), não deixa de salientar que sempre isso passaria, no mínimo, pela previsão típica nacional de conceitos com algo de abstracto. A interpretação no sentido da *restrição* por incompatibilidade, como se viu já, não resulta directamente de uma obrigação de assimilação mas tão só dos efeitos do primado.

Finalmente, a expressa *imposição* comunitária da via penal é materialmente ilegítima no plano do direito derivado; nunca admissível numa Directiva, deverá ser negada também em Regulamentos, devido, novamente, a considerações sobre a *actual* vigência de um princípio de legalidade e a igualmente *actual* inexistência de competências comunitárias em matéria penal [131].

---

[131] Uma imposição de assimilação quando os Estados, para as paralelas situações internas, consagrem já a solução criminal não impõe ainda assim mais do que essa mesma assimilação, não prejudicando a discricionariedade descriminalizadora estadual, *v.g.*. Isto é: a inexistência de competências, que se referiu, implica também a não relevância de um juízo comunitário de *dignidade penal* de determinadas condutas. Não é que um tal juízo não seja formulável — porque parece realmente sê-lo; apenas o actual *estado de coisas*, motivado (como se deixou também sublinhado) mais por considerações políticas do que por quaisquer outras (e esse tipo de muros políticos, pouco fundados, constituem, para Alessandro BERNARDI 1994a: 46, os mais sérios obstáculos à criação de vínculos comunitários relativos às escolhas nacionais), impede a sua operatividade. R. FORNASIER 1982: 407 pronuncia-se porém, isoladamente, pela competência comunitária para a imposição de uma via penal, exercida através do art. 95.º. O projecto de Directiva sobre branqueamento de capitais, em todo o caso, incluía inicialmente um art. 2.º no qual se obrigavam os Estados-membros a *incriminar* o branqueamento de *capital de origem criminosa*; na Directiva final (Directiva 91/308/CEE, transposta para a ordem jurídica interna portuguesa pelo Decreto-Lei n.º 313/93, de 15 de Setembro) não constava já uma tal obrigação (mas cfr., ainda assim, para uma crítica ao final art. 2.º da Directiva, José de FARIA COSTA 1995: 671; com uma perspectiva da evolução da positivação internacional da luta contra o branqueamento, Rodrigo SANTIAGO 1998: 363; e ainda sobre aquela *inicial* obrigação, e também para uma análise da Directiva, Lorenzo SALAZAR 1996b: 27 — observando este Autor que, tivesse a disposição projectada vingado, não poderia manter-se sólida a convicção de a Comunidade Europeia não possui competência em matéria penal, já que a aprovação de um tal preceito equivaleria a uma imposição aos Estados de prescrições harmonizadoras quanto *ao tipo de sanções* a adoptar); também a Directiva 89/592/CEE, sobre *insider trading*, não incluíu a final qualquer obrigação similar, contendo a definição precisa dos factos que deverão ser nacionalmente sancionados (isto é: a *factispécie* do tipo incriminador) sem contudo especificar a natureza da sanção a adoptar (embora se afirme, no preâmbulo, uma preferência pela tutela penal; com base neste elemento afirmam Alessandro BERNARDI 1996: 45, Stefano MANACORDA 1995: 65 ou Mireille DELMAS-MARTY 1997a: 627 que, da conjunta interpretação *global* da Directiva e da Declaração,

Sempre que investido na obrigação sancionatória da violação de uma qualquer norma comunitariamente imposta — *v.g.*, na obrigação de cominar sanções para a violação de um Regulamento — poderá tecnicamente não restar ao legislador de um Estado-membro outra via de delimitação da relevante factispécie incriminadora que não seja o *reenvio* para aquela norma comunitária [132]. Uma técnica de reenvio permite a coordenação funcional entre a previsão *sancionatória* nacional e o conteúdo preceptivo integrador de *origem* comunitária — o qual terá uma aplicação homogeneizada [133].

O reenvio feito pelo legislador nacional ao Direito comunitário é *condicionado* pela obrigação que sobre aquele impende de, no

---

anexa, sobre o branqueamento, resulta identificável a preferência do legislador comunitário pela repressão *penal*; nesta Declaração — emitida pelos *Estados- -membros reunidos no seio do Conselho*, comprometem-se os Estados à adopção de medidas *penais* necessárias para satisfazer a obrigação derivada da Convenção de Viena de 20 de Dezembro de 1988 contra o tráfico ilícito de substâncias psicotrópicas e estupefacientes; aquela interpretação veio a confirmar-se na prática, já que todos os Estados-membros que não dispunham já de uma regulamentação penal específica da matéria vieram a adoptar aquela via... mas, como salienta Gisèle VERNIMMEN 1996: 247, fica por saber até que ponto a incriminação adoptada traduz uma aplicação *da Directiva* ou *da Convenção de Viena* sobre a qual incide a Declaração anexa; neste sentido também TIEDEMANN assinala que os efeitos vinculantes da Directiva são *largamente superados* pelos produzidos pela Convenção de Viena). Não se acompanhará pois Giovanni GRASSO 1996a: 24, ou 1998: 13, nem Mireille DELMAS-MARTY 1997a: 627, quando afirmam que uma obrigação comunitária de adopção da *via penal* sempre seria legítima por a lei penal ser formalmente interna, ainda que materialmente pré-determinada; com o devido respeito, parecem expressamente adoptar aqueles Autores uma perspectiva formalista da *legalidade*, muito distinta de buscar-se uma legitimação pelo procedimento. Uma coisa é demonstrar-se (como atrás se tentou fazer) que a materialidade de um princípio de legalidade criminal não obstaria à atribuição à Comunidade Europeia de competências em matéria penal; outra entender que *legalidade* equivale a forma e que, observada esta, se cumpriria aquela.

[132] E isto por estar afastada a solução da mera transposição incorporadora sem menção da origem material da norma, para que não fique prejudicado o efeito de *primado* ou a competência interpretativa *prejudicial* do TJCE, nos termos do art. 234.º do T.C.E..

[133] Cfr. Costanza BERNASCONI 1996: 456.

espaço da soberania nacional, dar cumprimento ao Direito comunitário, e será visto como tendo uma natureza externa (ou extra-sistemática) ou interna consoante se adopte, respectivamente, uma concepção dualista ou monista acerca da natureza da relação entre ambos os ordenamentos; é este fenómeno de *heterointegração da lei penal nacional*[134] cuja admissibilidade cabe discutir, averiguando-se também da sua pertença à estrutura esquemática da *lei penal em branco* ou a outros tipos de reenvio comummente admitidos.

É que o conceito de *lei penal em branco* (conceito cujo cerne é a incompletude da lei incriminadora, que remete parte da sua concretização para *outras fontes*, que a integram [135]) está desenvolvido

---

[134] Cfr., de novo, Costanza BERNASCONI 1996: 460.

[135] Ultimamente, cfr. Teresa BELEZA/Frederico de Lacerda da COSTA PINTO 1999: 31. A lei penal em branco foi já caracterizada como absolutamente desprovida de *preceito*; ou como desprovida de *especificação conteudística*; mais modernamente como lei *completa* cujos actos especificadores cumprirão a função de *pressupostos de operatividade*. Em qualquer caso vai indiscutida a *genericidade* do núcleo preceptivo, e a consequente necessidade de *especificação*. Problema diverso é o de saber se deverão ser catalogadas como *em branco* apenas aquelas leis penais que reenviem a um núcleo integrativo *futuro* (isto é: não vigente ainda à data de elaboração da lei que se dirá *em branco*; e assim Costanza BERNASCONI 1996: 462); ou, ainda, se deverá ter-se por lei *em branco* somente aquela que reenvie para uma disposição de valor normativo hierarquicamente inferior (e assim Jorge MIRANDA/Miguel Pedrosa MACHADO 1994: 483). Identificadas contudo as tensões problemáticas, a questão é porém meramente terminológica: e a tensão problemática isola-se como questão hermenêutica, que encontrará, ou não, no texto penal interpretando a *norma criminal*, apreendendo-a, ou não, na sua completude (também assim Claus ROXIN 1997: 172); neste último caso estar-se-á, alternativamente, perante (a) a *indeterminação* da lei (e, portanto, em sede de discussão do que seja a *lege stricta*), indeterminação que exigirá um subsequente esforço hermenêutico-aplicativo orientado por princípios determinados (esforço do qual — e salienta-o Bernd SCHÜNEMANN 1994: 315 — poderá depender mesmo a resolução *justa* do caso; isto é: a indeterminação conhece uma margem na qual é desejável em direito penal, com o recurso a termos normativos que, não descrevedores da conduta proibida, ainda assim apelem a um juízo valorativo extra-textual — serão conceitos necessitados de complemento valorativo, e assim novamente Claus ROXIN 1997: 170 e, sobre o recurso técnico a *standards ad hoc*, portas abertas à discricionariedade interpretativa por

para as relações entre disposições preceptivas e sancionatórias no âmbito de um *mesmo* ordenamento jurídico (surgindo essencialmente no âmbito do Direito penal especial para acudir à necessidade de conseguir modificações legislativas céleres, e por isso oportunas, e claras [136]). Contudo, o problema da sua admissibilidade não deixa de ser um problema juspenalístico *interno*, que se satisfará pois com as soluções que internamente se proponham e acolham, e que de resto se vão alinhando num sentido relativamente comum [137], e permitem

forma a atingir-se o suposto *espírito* da lei, Adolfo FORTIER DÍAZ 1992: 151 e 155, e também Jorge MIRANDA/Miguel Pedrosa MACHADO 1994, e ainda, emotivamente, Alessandro MALINVERNI 1988: 375; a consideração da *diversidade*, indiscutivelmente necessária, como sublinham Manuel António Lopes ROCHA 1993: 27, ou Carmen Lamarca PEREZ 1987: 113, e em todo o caso impossível de eliminar completamente, conforme expõe José de SOUSA E BRITO 1978: 244, impõe-se por considerações, elas próprias, formais, e com origem também na tradição liberal, atenuando paradoxalmente o rigor omniformalista e permitindo que se questione, como o faz Adolfo FORTIER DÍAZ 1992, a real efectivação de um regime que se denomine *democrático*); ou perante (b) um fenómeno de heterointegração textual (que é o que ora interessa) que fornece a inteireza da norma. Conclusivamente, pois, será melhor a opção — com Bernd SCHÜNEMANN 1994: 315 — por um conceito lato de *lei penal em branco* que englobe *qualquer* fenómeno de reenvio *expresso* ou *implícito* de uma lei penal a proposições de dever que eliminem a imprecisão semântica e se não deixem a cargo do juiz.

[136] A legiferação em branco pode ver-se como sintoma de *modernidade* juscriminal: assim Francisco MUÑOZ CONDE 1996: 655, mas também Gerhard DANNECKER 1993: 975, e Jesús-Maria SILVA SÁNCHEZ 1995b: 702.

[137] Assim: mesmo a eventual exigência de uma reserva *absoluta* de lei em matéria penal não se oporia ao acolhimento de *leis penais em branco*, sempre e quando se verificassem os requisitos (a) de ser o reenvio expresso, e ir justificado pelo bem jurídico objecto de protecção penal, e (b) de conter a lei que se diga *em branco*, para lá da pena aplicável, o núcleo essencial da proibição, encontrando-se também minimamente satisfeita a exigência de *certeza* da lei penal. Com referência à realidade cosntitucional espanhola, Susana Huerta TOCILDO 1993: 96, e Fernando LÓPEZ AGUILAR 1997: 65; o Tribunal Constitucional, no Acórdão n.º 427/95 (Fernanda Palma), entendeu conformemente que o princípio de legalidade, atingindo nuclearmente a norma incriminadora, não contempla "com o mesmo rigor as delimitações negativas ou excepções à incriminação", não sendo de considerar-se como reenvio integrativo *praeter legem* a execução do conteúdo nor-

demarcar a material admissibilidade de um reenvio ao Direito comunitário [138]; mais uma vez, portanto, se encontrará como obstá-

---

mativo da norma incriminadora, por remissão, por portaria (jurisprudência acompanhada no Ac. 534/98 (Maria dos Prazeres Beleza), onde as normas complementares vêm entendidas como juízos técnicos periciais — solução que expressamente mereceu acolhimento por Teresa Pizarro BELEZA/Frederico de Lacerda da COSTA PINTO 1999: 49, e sobre a qual se pode ver Bernd SCHÜNEMANN 1994: 324; criticamente, cfr. Alexandre Sousa PINHEIRO 1997: 353). Esta orientação da instância constitucional portuguesa é também a orientação da jurisprudência constitucional italiana desde há várias décadas. Longe se anda, portanto, da bindinguiana visão fantasmagórica da lei penal em branco como *corpo errante em busca da alma*. Ainda no mesmo sentido já Giuliano AMATO 1964: 486, defendendo desde logo a assunção de uma terminologia clara, e entendendo identicamente como não violadora da reserva de lei uma hetero-integração por via positiva hierarquicamente inferior (administrativa) da lei criminal, indo aí pressuposta a incompletude desta, e sendo isto legítimo desde que a *lei* integrada *pré-determinasse* adequadamente o conteúdo da integradora: a ideia, como se vê, é a mesma de *concretização*. O critério é pois um critério de completude, e portanto de averiguação do carácter inovatório da disposição para a qual se remeta, devendo a lei remissiva conter todos os elementos essenciais para a apreensão de qual seja a conduta proibida. De facto, toda a discussão sobre o tema é uma discussão, afinal, sobre a medida admissível, ou a fronteira, da *determinação da lei penal* (sendo a *indeterminação*, tomada *lato sensu*, contrária a qualquer princípio de separação de poderes, deixando de mais à interpretação judicial e desprotegendo o cidadão face à arbitrariedade).

[138] Tecnicamente se distinguirá a situação do reenvio que consinta apenas como objecto uma disposição vigente (reenvio dito *rígido*, ou *receptício*, ou *material*, ou — na terminologia de Flavia SFORZA 1993: 321 — *nominado*, ou — na terminologia de Bernd SCHÜNEMANN 1994: 315 e Manuel António Lopes ROCHA 1993, *estático*), e situação de reenvio que propõe a automática adequação a todas as modificações sucessivas da disposição-objecto (reenvio dito *elástico*, ou *formal*, ou *inominado*, ou *dinâmico*; há quem defenda que, sempre que o reenvio seja feito ao *acto*, se possa presumir esse reenvio como *formal*: Sergio FOIS 1966: 589, e Francesco PALAZZO 1997: 244.). No primeiro caso, a recepção traduzirá uma integração normativa da disposição convocada na convocante, conducente a uma imobilização do conteúdo da primeira e determinando-lhe uma novação da sua fonte; no segundo, não se verificará uma tal absorção ou recepção conteudística, e colocar-se-ão problemas acrescidos de determinação interpretativa (assim Sergio FOIS 1966: 580) e de cognoscibilidade (também Esther Misol SÁNCHEZ 1990:

culo *adicional* apenas a clássica objecção do que seja, actualmente, o monopólio do legislador. Quaisquer outras que possam colocar-se (a falta de clareza e de precisão de uma lei que reenvie, sob qualquer forma, ao Direito comunitário; os condicionalismos interpretativos que vinculam o aplicador e os destinatários a uma actividade de sistemática reconstrução hermenêutica, especialmente no caso de reenvio formal; a agravante interpretativa decorrente da eventualidade de as disposições comunitárias estarem sujeitas a critérios de interpretação específicos; a — conexa — possibilidade de se verificar uma imediata mas *oculta* re-conformação do tipo criminal no momento em que nova legislação comunitária relevante entre em vigor [139]; a paralela perda de aplicabilidade da lei nacional por cessação de vigência, *e.g.*, de um Regulamento para o qual reenvie, e isto no caso de reenvio material; a reduzida cognoscibilidade da norma, de resto agravada pelo facto de o reenvio se fazer ao Direito comunitário, resolúvel em sede de erro), na verdade, de consequentemente *comunitário* só terão o específico de a disposição objecto de reenvio pertencer a esse ordenamento.

587; e aqui terá de se afastar as considerações de Teresa BELEZA/Frederico de Lacerda da COSTA PINTO 1999: 40, segundo as quais, pelo contrário, uma técnica legislativa criminal de *remissão* tornaria o regime *mais acessível* aos destinatários das normas pela sua *proximidade empírica* em relação aos sujeitos a quem dizem respeito, *mais facilmente conhecidos por estes do que as próprias normas incriminadoras*. Não: não só se afigura incorrecto tecer juízos sobre o grau admissível de determinação de um tipo a partir de uma óptica do infractor (concluir-se-á, ou não, pela determinação, através de uma actividade de interpretação do texto), como também a lei penal, parece, será mais *cognoscível* — usando a perspetiva daqueles Autores —, como ainda os argumentos de teor *profissional* que levariam a dizer-se que os potenciais infractores conheceriam as normas técnicas se aplicaria igualmente à lei: conhecê-la-iam igualmente, no mínimo, porque reportada à mesma actividade.

[139] É claro que se colocam problemas de aplicação retroactiva — ou não — das integrações posteriores; não cabe aqui *discuti-los*, mas enunciá-los somente; mas pode ver-se Jesús-Maria SILVA SÁNCHEZ 1995b, especificamente em matéria socio-económica.

BIBLIOGRAFIA CITADA

ALVAREZ, **Alejandro E.**
1999 "L'Internationalisation du Droit Pénal: l'Exemple du MERCOSUR", *Revue de Science Criminelle et de Droit Pénal Comparé* (1999) 741.

AMATO, **Giuliano**
1964 "Suficienza e Completezza della Legge Penale", *Giurisprudenza Costituzionale* (1964) 486.

ANDRADE, **Manuel da Costa**
1998 "Contributo para o Conceito de Contra-Ordenação (A Experiência Alemã)", in *Direito Penal Económico e Europeu: Textos Doutrinários* I, Coimbra: Coimbra Editora (1998) 75, e também *Revista de Direito e Economia* (1980) 81.

BACIGALUPO, **Enrique**
1998 "Il *Corpus Juris* e la Tradizione della Cultura Giuridico-Penale degli Stati Membri dell'Unione Europea", in *Prospettive di un Diritto Penale Europeo. Atti del Seminario Organizato dal Centro di Diritto Penale Europeo*, Giovanni Grasso (dir.), Milano: Giuffrè (1998) 51.

BAKER, **Estella**
1998 "Taking European Criminal Law Seriously", *The Criminal Law Review* (1998) 361.

BARATTA, **Alessandro**
1968 "Contro il Metodo della Giurisprudenza Concettuale nello Studio del Diritto Penale Comunitario", in *Prospettive per un Diritto Penale Europeo*, Padova: CEDAM (1968) 21.

BELEZA, **Teresa**
1998 *Direito Penal*, 1.º Vol. (reimpress.), Lisboa: AAFDL (1998)

BELEZA, Teresa / Frederico de Lacerda da COSTA PINTO
1999   *O Regime Legal do Erro e as Normas Penais em Branco (Ubi lex distinguit...)*, Coimbra: Almedina (1999).

BERNARDI, Alessandro
1994a   "Les Principes du Droit National et leur Développement au Sein des Systèmes Pénaux Français et Italien", *Revue de Science Criminelle et Droit Pénal Comparé* (1994) 11.
1994b   "Les Principes de Droit International et Leur Contribution à l'Harmonisation des Systèmes Punitifs Nationaux", *Revue de Science Criminelle et Droit penal Comparé* (1994) 255.
1996   "Europeizzazione del Diritto Penale Commerciale", *Rivista Trimestrale di Diritto Penale dell'Economia* (1996) 1.
1997   "Vers une Européanisation du Droit Pénal des Affaires? Limites et Perspectives d'un Ius Commune Criminale", *Revue de Droit Pénal et de Criminologie* (1997) 405.

BERNASCONI, Costanza
1996   "L'Influenza del Diritto Comunitario sulle Tecniche di Costituzione della Fattispecie Penale", *L'Indice Penale* (1996) 471.

BETTIOL, Giuseppe
1968   "Sull'Unificazione del Diritto Penale Europeo", in *Prospettive per un Diritto Penale Europeo*, Padova: CEDAM (1968) 3.

BIANCARELLI, J.
1987   "Les Principes Géneraux du Droit Communautaire en Matière Pénale", *Revue de Science Criminelle et de Droit Penal Comparé* (1987) 166.

BON, Pierre
1990   "La Protéction Constitutionelle des Droits Fondamentaux. Aspects de Droit Comparé Européen", *Revista da Faculdade de Direito da Universidade de Lisboa* (1990) 9.

BOSCARELLI, Marco
1981   "Réfléxions sur l'Incidence du Droit Communautaire sur le Droit Pénal des États-membres", in *Droit Communautaire et Droit Pénal. Colloque du 25 Octobre 1979*, Milano-Bruxelles (1981) 86.

BOTTKE, Wilfried
1995   "Sobre la Legitimidad del Derecho Penal Economico en Sentido Estricto y de sus Descripciones Típicas Especificas", in *Hacia un Derecho Penal*

Economico Europeo, Jornadas en Honor del Professor Klaus Tiedemann, Madrid: Boletín Oficial del Estado (1995) 637.

CAEIRO, **Pedro**
1996 "Perspectivas de Formação de um Direito Penal da União Europeia", *Revista Portuguesa de Ciência Criminal* (1996) 189.

CAETANO, **Marcello**
1949 "O Respeito pela Legitimidade e a Justiça das Leis", *O Direito* (1949) 5.

CANOTILHO, **J.J. Gomes**
1984 "Teoria da Legislação Geral e Teoria da Legislação Penal", in *Estudos em Homenagem ao Prof. Doutor Eduardo Correia*, Coimbra: número especial do *Boletim da Faculdade de Direito* da Universidade de Coimbra (1984) 307.
1993 "Discurso Moral ou Discurso Constitucional, Reserva de Lei ou Reserva de Governo", *Boletim da Faculdade de Direito* da Universidade de Coimbra (1993) 699.

CAPOZZI, **Gino**
1989 "Praxeologia della Costituzione del Potere", *Rivista Internazionale di Filosofia del Diritto* (1989) 250.

CARVALHO, **Ana Filipa Santos**
1998 *Fraude e Desvio na Obtenção de Subsídios. A Génese Difícil do Direito Penal Europeu* (Dissertação de Mestrado na Faculdade de Direito da Universidade de Lisboa), Lisboa (polic.) (1998).

CASTANHEIRA NEVES, **A.**
1995 "O Princípio da Legalidade Criminal. O seu Problema Jurídico e o seu Critério Dogmático", in *Digesta. Escritos acerca do Direito, do Pensamento Jurídico, da sua Metodologia e Outros* I, Coimbra: Coimbra Editora (1995) 349, e também in *Estudos em Homenagem ao Prof. Doutor Eduardo Correia*, número especial do *Boletim da Faculdade de Direito* da Universidade de Coimbra (1984) 307.

CASTELLANA, **Agata Maria**
1996 "Diritto Penale dell'Unione Europea e Principio *Societas Delinquere non Potest*", *Rivista Trimestrale di Diritto Penale dell'Economia* (1996) 747.

CAVALEIRO DE FERREIRA, **Manuel**
1982 *Direito Penal Português. Parte Geral*, I, Lisboa: Verbo (1982).

1997 *Lições de Direito Penal. Parte Geral I. A Lei Penal e a Teoria do Crime no Código Penal de 1982*, 4.ª Ed. (reimpress.), Lisboa: Verbo (1997).

CERF-HOLLENDER, Agnés
1994 "Le Nouveau Code Pénal et le Principe de la Legalité", *Archives de Politique Criminelle* (1994) 9.

CHEVALLIER, Jacques
1990 "La Dimension Symbolique du Principe de la Legalité", *Revue de Droit Public et de la Science Politique en France et à l'Etranger* (1990) 1651.

COLETTE-BASECQZ, Nathalie
1996 "Une Conséquence de la Nature Pénale de la Sanction Communautaire au Niveau des Garanties Procédurales", in *La Justice Pénale et l'Eeurope. Travaux des Xvémes Journées d'Études Juridiques Jean Dabin organisées par le Département de Criminologie et de Droit Pénal* (Françoise Tulkens e Henry-D. Bosly (Dir.), Bruxelles: Bruylant (1996) 463.

CONSTANTINESCO, Vlad
1997 "Les Clauses de Coopération Renforcée. Le Protocole sur l'Application des Principes de Subsidiarité et de Proporcionalité", *Revue Trimestrielle de Droit Européen* (1997) 751.

CORREIA, Eduardo
1999 *Direito Criminal*, I (reimpress.) Coimbra: Almedina (1999).

COSTA, António Manuel de Almeida
1994 "Alguns Princípios para um Direito e Processo Penais Europeus", *Revista Portuguesa de Ciência Criminal* (1994) 199.

COSTA PINTO, Frederico de Lacerda da
1997 "O Ilícito de Mera Ordenação Social e a Erosão do Princípio da Subsidiariedade da Intervenção Penal", *Revista Portuguesa da Ciência Criminal* (1997) 7, e também *Direito Penal Económico e Europeu: Textos Doutrinários* I, Coimbra; Coimbra Editora (1998) 209.

DANNECKER, Gerhard
1993 "Armonizzazione del Diritto Penale all'Intero della Comunità Europea", *Rivista Trimestrale di Diritto Penale dell'Economia* (1993) 961.
1995 *Strafrechtsentwicklung in Europa 4.3. Strafrecht der Europäischen Gemeinschaft*, Albin Eser, Barbara Huber (Hrsg.), Freiburg (1995).

1995 "Sanciones y Principios de la Parte General en el Derecho de la Concurrencia en las Comunidades Europeas", in *Hacia un Derecho Penal Economico Europeo, Jornadas en Honor del Professor Klaus Tiedemann*, Madrid: Boletín Oficial del Estado (1995) 545.

DARMON, Marco
1995 "La Prise en Compte des Droits Fondamentaux par la Cour de Justice des Communautés Européennes", *Revue de Science Criminelle et de Droit Pénal Comparé* (1995) 23.

DARRAS, J.
1991 "Le Parlement Européen et la Protection Juridique des Intérêts Financiers de la Communauté Européenne", in *EC Fraud*, Jaap van der Hulst (Ed.), Roterdão: Kluwer (1991) 17.

DE ANGELIS, Francesco
1998 "La Protezione Giuridica degli Interessi Finanziari della Comunità Europea: Evoluzione e Prospettive", in *Prospettive di un Diritto Penale Europeo. Atti del Seminario Organizato dal Centro di Diritto Penale Europeo*, Giovanni Grasso (Dir.), Milano: Giuffrè (1998) 35.

DE FRANCESCHI, Paola
1990 "Le Sanzioni del Diritto Comunitario", *Diritto Comunitario e degli Scambi Internazionali* (1990) 407.

DE MOOR, Lucien
1991 "The Legal Protection of the Financial Interests of the European Community", in *EC Fraud*, Jaap van der Hulst (Ed.), Roterdão: Kluwer (1991) 11.
1996 "Protection of The Financial Interests of the Community and respect for Fundamental Rights", in *What Kind of Criminal Policy for Europe?*, Mireille Delmas-Marty (Ed.), Netherlands: Kluwer Law International (1996) 13.

DE NAUW, Alain
1996 "Le Caractère Nécessaire, Opportun ou Superflu de l'Attribution de Compétences Pénales à la Communauté Européenne, in *La Justice Pénale et l'Eeurope. Travaux des Xvémes Journées d'Études Juridiques Jean Dabin organisées par le Département de Criminologie et de Droit Pénal* (Françoise Tulkens e Henry-D. Bosly (Dir.), Bruxelles: Bruylant (1996) 221.

DECOCQ, André
1981 "Le Conflit Entre la Règle Communautaire et la Règle Pénale Interne", in *Droit Communautaire et Droit Pénal*, Milano: Giuffré (1981) 3.

DELLA VALLE, Eugenio
1989 "Spunti in Materia di Rapporti tra Diritto Comunitario e Diritto Penale Tributario", *Rivista Trimestrale de Diritto Penale dell'Economia* (1989) 1155.

DELMAS-MARTY, Mireille
1983 "Permanence ou Derive du Modèle Libéral de Politique Criminelle", *Archives de Politique Criminelle*, (1983) 13.
1990 "A Favor de unos Principios Orientadores de Legislacion Penal", *Anuario de Derecho Penal y Ciencias Penales* (1990) 961.
1992 *Les Grands Systèmes de Politique Criminelle*, Paris: P.U.F. (1992).
1997a "Union Européenne et Droit Pénal", *Cahiers de Droit Européen* (1997) 607.
1997b "Vers un Droit Pénal Européen Commun?», *Archives de Politique Criminelle* (1997) 9.
1997c "Le Droit est-il Universalisable?", in *Une Même Éthique pour Tous?*, Jean-Pierre Changeaux (Dir.), Paris: Editions Odile Jacob (1997) 139.

DELMAS-MARTY, Mireille / Pierre TRUCHE
1996 "Uniformity or Compatibility of the National Legal Systems: From Identical Rules to Guiding Principles", in *What Kind of Criminal Policy for Europe?*, Mireille Delmas-Marty (Ed.), Netherlands: Kluwer Law International (1996) 309.

DINE, Janet
1993 "European Community Criminal Law", *The Criminal Law Review* (1993) 246.

DUARTE, Maria Luísa
1994 *A Cidadania da União e a Responsabilidade dos Estados-membos por Violação do Direito Comunitário*, Lisboa: Lex (1994).
1995 "O Tratado da União Europeia e a Garantia da Constituição (Notas de uma Reflexão Crítica)", in *Estudos em memória do Professor Doutor João de Castro Mendes*, Lisboa: Lex (1995) 667.
1997 "A Cooperação Intergovernamental na União Europeia — Âmbito, Natureza das Acções Previstas e sua Relação com o Domínio da Integração Económica", in *Em Torno da Revisão do Tratado da União Europeia*, Coimbra: Almedina (1997) 35.
1997 *A Teoria dos Poderes Implícitos e a Delimitação de Competências entre a União Europeia e os Estados-Membros*, Lisboa: Lex (1997).
2000 "A União Europeia e os Direitos Fundamentais. Métodos de Protecção", *Boletim da Faculdade de Direito da Universidade de Coimbra, Studia Ivridica* 40, Colloquia — 2, separata de *Portugal-Brasil Ano 2000*.

DUARTE D'ALMEIDA, Luís
2000 *A Tutela de Direitos Subjectivos Derivados do Direito Comunitário: Medidas Provisórias nos Tribunais Nacionais*, Lisboa: AAFDL (2000).

DURIGATO, **Lauretta**
1968 "Osservazione sul Riferimento Penale a Norme Estranee", in *Prospettive per un Diritto Penale Europeo*, Padova: CEDAM (1968) 223.

FARIA COSTA, **José de**
1983 "A Importância da Recorrência no Pensamento Jurídico. Um Exemplo: a Distinção entre o Ilícito Penal e o Ilícito de Mera Ordenação Social", in *Direito Penal Económico e Europeu: Textos Doutrinários*, I, Coimbra: Coimbra Editora (1998).
1995 "El Blanqueo de Capitales (Algunas Reflexiones a la Luz del Derecho Penal y de la Politica Criminal)", in *Hacia un Derecho Penal Economico Europeo, Jornadas en Honor del Profesor Klaus Tiedemann*, Madrid: Boletín Oficial del Estado (1995) 655.

FAUSTO DE QUADROS
1995 *O Princípio da Subsidiariedade no Direito Comunitário após o Tratado da União Europeia*, Coimbra: Almedina (1995).

FIGUEIREDO DIAS, **Jorge de**
1987 "Principes Géneraux de la politique Criminelle Portugaise", *Revue de Science Criminelle et de Droit Pénal Comparé* (1987) 87.
1989 "Para uma Dogmática do Direito Penal Secundário. Um Contributo para a Reforma do Direito Penal Económico e Social Português", *Direito e Justiça* (1989/1990) 7 (volume de homenagem ao Prof. Doutor Manuel Gonçalves Cavaleiro de Ferreira) e também *Direito Penal Económico e Europeu: Textos Doutrinários*, I, Coimbra: Coimbra Editora (1998) 35.
1993 *Direito Penal Português. Parte Geral II: As Consequências Jurídicas do Crime*, Lisboa: Aequitas (1993).

FIGUEIREDO DIAS, **Jorge de** / **Manuel da** COSTA ANDRADE
1994 "Sobre os Crimes de Fraude na Obtenção de Subsídio ou Subvenção e de Desvio de Subvenção, Subsídio ou Crédito Bonificado", *Revista Portuguesa de Ciência Criminal* (1994) 336, e também in *Direito Penal Económico e Europeu: Textos Doutrinários*, I, Coimbra: Coimbra Editora (1998)
1996 *Direito Penal. Questões Fundamentais. A Doutrina Geral do Crime*, Coimbra (1996).

FOIS, Sergio
1966 "Rinvio, Recezione e Riserva di Legge", *Giurisprudenza Costituzionale* (1966) 589.

FORNASIER, R.
1982 "Le Pouvoir Répressif des Comunautés Européennes et la protéction de leurs Intérêts Financiers", *Revue du Marché Commun* (1982) 398.

FORTIER DÍAZ, Adolfo
1992 "El Principio de Legalidad. Apuntes para un Análisis Crítico", *Revista Jurídica de la Universidad de Puerto Rico* (1992) 149.

FRAGOLA, Saverio Paolo e Pierfrancesco ATZORI
1990 *Prospettive per un Diritto Penale Europeo*, Padova: CEDAM (1990).

GLASER, Stefan
1968 "Le Principe de la Suprematie du Droit International et l'Unification du Droit Pénal Européen, *Prospettive per un Diritto Penale Europeo*, Padova: CEDAM (1968) 389.

GOUTTES, Régis de
1990 "Variations sur L'Espace Judiciaire Pénal Européen", *Reccueil Dalloz Sirey. Chronique* (1990) 245.

GRASSO, Giovanni
1989a *Comunitá Europee e Diritto Penale. I Rapporti tra l'Ordinamento Comunitario e i Sistemi Penali degli Stati Membri*, Milano: Giuffrè (1989).
1989b "La Tutela Penale degli Interessi Finanziari delle Comunità Europee", *Rivista Trimestrale di Diritto Penale dell'Economia* (1989) 373.
1990 "L'Armonizzazione e il Coordinamento delle Disposizioni Sanzionatorie Nazionale per la Tutela degli Interessi Finanziari della Comunità Europea», *Rivista Italiana di Diritto e Procedura Penale* (1990) 836.
1991 "La Protezione dei Diritti Fondamentali nell'Ordinamento Comunitario e i suoi Riflessi sui Sistemi Penali degli Stati Membri", *Rivista Internazionale dei Diritti dell'Uomo* (1991) 617.
1992 "Nuovi Svilluppi nei Rapporti tra Diritto Comunitario Penale", *Rivista Italiana di Diritto e Procedura Penale* (1992) 831.
1993a "Recenti Svilluppi in Tema di Sanzioni Amministrative Comunitarie", *Rivista Trimestrale di Diritto Penale dell'Economia* (1993) 739.
1993b "L'Incidenza del Diritto Comunitario sulla Politica Criminale degli Stati Mebri. Nascita di una Politica Criminale Europea", *L'Indice Penale* (1993) 65.

1993c "Nouvelles Perspectives en Matière de Sanctions Communautaires», *Revue de Science Criminelle et de Droit Pénal Comparé* (1993) 265.
1994 "Nuove Prospettive in Tema di Sanzioni Amministrative Comunitarie", *Rivista Italiana di Diritto Pubblico Comunitario* (1994) 863.
1996a "Les Perspectives de Formation d'un Droit Pénal de l'Union Européenne", *Archives de Politique Criminelle* (1996) 7 (também: "Le Prospettive di Formazione di un Diritto Penale dell'Unione Europea", *Rivista Trimestrale di Diritto Penale dell'Economia* (1995) 1159).
1996b "Prospettive di uno Spazio Giudiziario Europeo", *L'Indice Penale*, 1996, pág. 109.
1998 "La Formazione di un Diritto Penale dell'Unione Europea", in *Prospettive di un Diritto Penale Europeo. Atti del Seminario Organizatto dal Centro di Diritto Penale Europeo*, Giovanni Grasso (Dir.), Milano: Giuffrè (1998) 1.

HARTLEY, **T.C.**
1981 "L'Impact du Droit Communautaire sur le Procès Penal", in *Droit Communautaire et Droit Pénal*, Milano: Giuffrè (1981) 33, e também "The Impact of Community Law on the Criminal Process", *Criminal Law Review* (1981) 75.

JAKOBS, **Günther**
1991 *Derecho Penal. Parte General. Fundamentos y Teoría de la Imputación*, Madrid: Marcial Pons (1995) (trad. da 2.ª Ed., de 1991, de *Strafrecht Allgemeiner Teil. Die Grundlagen und die Zurechnungslehre*).

JESCHECK, **Hans Heinrich**
1968 "Lo Stato Attuale del Diritto Penale Europeo", in *Prospettive per un Diritto Penale Europeo*, Padova: CEDAM, Padova (1968) 323.
1998 "Possibilitá e Limiti di un Diritto Penale per la Protezione dell'Unione Europea", *L'Indice Penale* (1998) 221.

JUNG, **Heike**
1993 "Criminal Justice — a European Perspective", *Criminal Law Review* (1993) 237.

KNUDSEN, **Per Brix**
1995 "La Fraude au Détriment du Budget de la Communauté", *Revue de Science Criminelle et de Droit Pénal Comparé* (1995) 65.

LABAYLE, **Henry**
1995 "L'Application du Titre VI du Traité sur l'Union Européenne et la Matière Pénale", *Revue de Science Criminelle et de Droit Pénal Comparé* (1995) 35.

1997 "La coopération Européenne en Matière de Justice et d'Affaires Intérieures et la Confèrence Intergouvernamentale", *Revue Trimestrielle de Droit Européen* (1997) 1.

LAINGUI, **André**
1986 "Les Adages du Droit Pénal", *Revue de Science Criminelle et de Droit Pénal Comparé* (1986) 25.

LAMASSOURE, **Alain**
1996 "Objectives and Principles of, and Constraints on, a Criminal Policy for the European Community in the Area of the Legal Protection of its Financial Interests, in *What Kind of Criminal Policy for Europe?*, Mireille Delmas-Marty (Ed.), Netherlands: Kluwer Law International (1996) 7

LEGROS, **Robert**
1964 "L'Avenir du Droit Pénal International", in *Mélanges Offerts à Henri Rolin*, Paris: Pedone (1964) 171.

LETO, **Angelo Piraino**
1989 "La Persona tra Libertà e Principio di Legalità", *Il Diritto di Famiglia e delle Persone* (1989) 205.

LO MONACO, **Anna**
1995 "Les Instruments Juridiques de Coopération dans les Domains de la Justice et des Affaires Intérieures", *Revue de Science Criminelle et de Droit Pénal Comparé* (1995) 11.

LÓPEZ AGUILAR, **Fernando**
1997 "Código Penal y Poderes Públicos. Una Perspectiva Constitucional", *Poder Judicial* (1997) 57.

LUCAS PIRES, **Francisco**
1994 "União Europeia: um Poder Próprio ou Delegado?", in *A União Europeia*, Coimbra (1994) 149.

MALINVERNI, **Alessandro**
1988 "L'Esercizio del Diritto. Un Metodo di Interpretazione", *Rivista Italiana di Diritto e Procedura Penale*, (1988) 367.

MANACORDA, **Stefano**
1995 "L'Efficacia Espansiva del Diritto Comunitario sul Diritto Penale", *Il Foro Italiano* IV (1995) 55.

MANTOVANI, Ferrando
1995   "Sobre a Exigência Perene da Codificação", *Revista Portuguesa de Ciência Criminal* (1995) 143.

MARI, Luigi
1981   "Quelques Réflexions sur la Mesure Excessive de la Sanction Pénale par Rapport au Droit Communautaire", in *Droit Communautaire et Droit Pénal*, Milano-Bruxelles (1981) 159.

MATTIONI, Angelo
1987   "Il Principio Democratico-Representativo e i Rapporti tra Ordinamento Comunitario e Ordinamento Italiano", *Diritto Comunitario e degli Scambi Internazionali* (1987) 1.

MIR PUIG, Santiago
1995   "El Sistema del Derecho Penal en la Europa Actual", in *Fundamentos de un Sistema Europeo del Derecho Penal. Libro-Homenaje a Claus Roxin*, J.M. Silva Sánchez (Ed.), B. Schünemann, J. de Figueiredo Dias (Coords.), Barcelona: Bosch (1995) 25.

MIRANDA, Jorge
1989   "Os Princípios Constitucionais da Legalidade e da Aplicação da Lei Mais Favorável em Matéria Criminal", *O Direito* (1989) 685.

MIRANDA, Jorge / Miguel Pedrosa MACHADO
1994   "Constitucionalidade da Protecção Penal dos Direitos de Autor e da Propriedade Industrial. Normas Penais em Branco, Tipos Abertos, Crimes Formais e Interpretação Conforme à Constituição", *Revista Portuguesa de Ciência Criminal* (1994) 465.

MOCCIA, Sergio
1995   "Función Sistemática de la Política Criminal. Principios Normativos para un Sistema Penal Orientado Teleologicamente", in *Fundamentos de un Sistema Europeo del Derecho penal. Libro-Homenaje a Claus Roxin*, J.M. Silva Sánchez (Ed.), B. Schünemann, J. de Figueiredo Dias (Coords.), Barcelona: Bosch (1995) 74.

MOURA E SILVA, Miguel
1998   *O Princípio do Equilíbrio Institucional na Comunidade Europeia. Conflito e Cooperação Interinstitucionais*, Lisboa: AAFDL (1998).

MUÑOZ CONDE, Francisco
1996   "Il Moderno Diritto Penale nel Nuovo Codice Penale Spagnolo", *L'Indice Penale* (1996) 651.

Musco, Enzo
1993 "Consenso e Legislazione Penale", *Rivista Italiana di Diritto e Procedura Penale* (1993) 80.

Nuvolone, Pietro
1968 "Problematica dell'Unificazione del Diritto Penale dei Paesi Europei", in *Prospettive per un Diritto Penale Europeo*, Padova: CEDAM (1968) 289.

Nuzzo, Francesco
1996 "Rilevanza delle Norma Comunitarie e delle Norme Regionali nei Reati Pretorili", *La Giustizia Penale*, (Gennaio 1996) 1.

Oehler, Dietrich
1985 "Fragen zum Strafrecht der Europäischen Gemeinschaft", in *Festschrift für Hans-Heinrich Jescheck zum 70. Geburtstag*, Theo Vogler in Verbindung mit Joachim Herrmann (...) Hrsg., II, Berlin: Duncker & Humblot (1985) 1399.
1991 "L'Importanza del Diritto Penale Economico nella Nuova Europa", *Rivista Trimestrale di Diritto Penale dell'Economia* (1991) 29.

Olmi, Giancarlo
1981 "La Sanction des Infractions au Droit Communautaire", in *Droit Communautaire et Droit Pénal*, Milano-Bruxelles (1981) 167.

Pagliaro, Antonio
1968 "Diritto Penale e Cultura Europea", *Prospettive per un Diritto Penale Europeo*, Padova: CEDAM (1968) 149.
1993 "Limiti all'Unificazione del Diritto Penale Europeo", *Rivista Trimestrale de Diritto Penale dell'Economia* (1993) (também: "Limites a la Unificación del Derecho Penal Europeo", in *Hacia un Derecho Penal Económico Europeo, Jornadas en Honor del Profesor Klaus Tiedemann*, Madrid: Boletín Oficial del Estado, (1995) 689).

Palazzo, Francesco
1997 "Scienza Penale e Produzione Legislativa. Paradossi e Contraddizioni di un Rapporto Problematico", *Rivista Italiana di Diritto e Procedura Penale* (1997) 694.

Paliero, Carlo Enrico
1995 "Ordnungswidirgkeiten", in *Digesto delle Discipline Penalistiche*, Torino: UTET (1995).

PALMA, Maria Fernanda
1994 *Direito Penal. Parte Geral*, Lisboa: AAFDL (1994).
1997 "Constituição e Direito Penal. As Questões Inevitáveis", *20 Anos da Constituição*, II, Coimbra: Coimbra Editora (1997) 227, e também in *Casos e Materiais de Direito Penal*, Maria Fernanda Palma, Carlota Pizarro de Almeida e José Manuel Vilalonga (Coord.), Coimbra: Almedina (2000) 21.

PEREZ, Carmen Lamarca
1987 "Legalidad Penal y Reserva de Ley en la Constitución Española", *Revista Española de Derecho Constitucional* (1987) 99.

PINHEIRO, Alexandre Sousa
1997 "A Reserva de Lei em Direito Penal. Comentário ao Acórdão n.º 427/95 do Tribunal Constitucional", *Direito e Justiça* (1997) 353.

PIRIS, Jean Claude
1994 "Après Maastricht, les Institutions Communautaires sont-elles Plus Efficaces, Plus Démocratiques et Plus Transparentes?", *Revue Trimestrielle de Droit Européen* (1994) 1.

PRADEL, Jean / Geert CORSTENS
1999 *Droit Pénal Européen*, Paris: Dalloz (1999).

REICH, Charles
1991 "Qu'est-ce que le Déficit Démocratique?", *Révue du Marchè Commun* (1991) 14.

RIEZU, Antonio Cuerda
1995 "Ostentan *Ius Puniendi* las Comunidades Europeas?", *Hacia un Derecho Penal Economico Europeo, Jornadas en Honor del Professor Klaus Tiedemann*, Madrid: Boletín Oficial del Estado (1995) 621.

RIZ, Roland
1984 *Diritto Penale e Diritto Comunitario*, Padova: CEDAM, Padova (1984).

ROCHA, Manuel António Lopes
1993 "A Função de Garantia da Lei Penal e a Técnica Legislativa", *Legislação. Cadernos de Ciência de Legislação* (1993) 25.

ROXIN, Claus
1972 *Política Criminal y Sistema de Derecho penal*, Barcelona: Bosch (1972).

1997   *Derecho Penal. Parte General*, Madrid: Civitas (1997).

RUBIO LLORENTE, **Francisco**
1993   "El Principio de Legalidad", *Revista Española de Derecho Constitucional* (1993) 9.

SALAZAR, **Lorenzo**
1996a "The European Community and Criminal Law: an Obstacle Course", *What Kind of Criminal Policy for Europe?*, Mireille Delmas-Marty (Ed.), Netherlands: Kluwer Law International (1996) 41.
1996b "Branqueamento de Capitais. Directiva Comunitária e Legislação Italiana", *Documentação e Direito Comparado* (1996) 7.

SÁNCHEZ, **Esther Misol**
1990   "Delito Ecológico. Relaciones Administrativo-Penales", *Revista de la Facultad de Derecho de la Universidad Complutense* (1990) 585.

SANTIAGO, **Rodrigo**
1998   "O «Branqueamento» de Capitais e outros Produtos do Crime", *Direito Penal Económico e Europeu: Textos Doutrinários*, II, Coimbra Editora, Coimbra (1998) 363.

SAULLE, **Maria Rita**
1994   "Brevi Considerazioni sul «Deficit Democratico» nell'Ordinamento delle Comunità Europee", *Jus* (1994) 339.

SCHÜNEMANN, **Bernd**
1994   "Las Reglas de la Técnica en Derecho Penal", *Anuario de Derecho Penal y Ciencias Penales* (1994) 307.

SEVENSTER, **Hanna G.**
1992   "Criminal Law and EC Law", *Comon Market Law Review* (1992) 29.

SFORZA, **Flavia**
1993   "La Direttiva 89/392/CEE sulle Macchine Utensili: Esempio di Diritto Penale Comunitario?", *Rivista Italiana di Diritto e Procedura Penale* (1993) 316.

SGUBBI, **Filippo**
1996   "Derecho Penal Comunitario", *Cuadernos de Política Criminal* (1996) 89 (e também: "Diritto Penale Comunitario", *Digesto delle Discipline Penalistiche*, Torino: UTET (1990)).

SHERLOCK, Ann e Christopher HARDING
1991 "Controlling Fraud within the European Community", *European Law review* (1991) 20.

SICILIANO, Saverio
1968 "Per una Politica di Deflazione Penalistica", *Prospettive per un Diritto Penale Europeo*, Padova: CEDAM (1968) 485.

SICURELLA, Rosaria
1997 "Vers un Espace Judiciaire Européen: un *Corpus Juris* portant Dispositions Pénales pour la Protéction des Intérêts Financiers de l'Union Européenne", *Revue de Science Criminelle et de Droit Pénal Comparé* (1997) 363.
1998 "Il *Corpus Juris*: Elementi per una Procedura Penale Europea", *Prospettive di un Diritto Penale Europeo. Atti del Seminario Organizato dal Centro di Diritto Penale Europeo*, Giovanni Grasso (Dir.), Milano: Giuffrè (1998) 63.

SIEBER, Ulrich
1991 "Unificazione Europea e Diritto Penale. Proposte per il Futuro del Diritto Europeo e Base di Discussione per il Simposio di Fondazione della «Vereinigung für Europäisches Strafrecht e.V.»", *Rivista Trimestrale di Diritto Penale dell'Economia* (1991) 982.
1993 "Union Européenne et Droit Pénal Européen. Proposition pour l'Avenir du Droit Pénal Européen", *Revue de Science Criminelle et de Droit Pénal Comparé* (1993) 248.
1995 "Estado de la Evolucion y Perspectivas del Derecho Penal Economico Europeo", *Hacia un Derecho Penal Economico Europeo, Jornadas en Honor del Profesor Klaus Tiedemann*, Madrid: Boletín Oficial del Estado (1995) 601.
1999 "À Propos du Code Pénal Type Européen", *Revue de Droit Pénal et de Criminologie* (1999) 3.

SILVA SÁNCHEZ, Jesús-Maria
1995a "Sobre las Possibilidades y Limites de una Dogmática Supranacional del Derecho Penal", *Fundamentos de un Sistema Europeo del Derecho Penal. Libro-Homenaje a Claus Roxin*, J.M. Silva Sánchez (Ed.), B. Schünemann, J. de Figueiredo Dias (Coords.), Barcelona: Bosch (1995) 12.
1995b "Legislación Penal Socio-Economica y Principio de Retroactividad de Disposiciones Favorables: el Caso de las Leyes en Blanco", *Hacia un Derecho Penal Economico Europeo, Jornadas en Honor del Professor Klaus Tiedemann*, Madrid: Boletín Oficial del Estado (1995) 697.

SOULIER, Gérard
1998 "Le Traité d'Amsterdam et la Coopération Policière et Judiciaire en Matière Pénale"., *Revue de Science Criminelle et de Droit Pénal Comparé* (1998) 237.

SOUSA E BRITO, José de
1978 "A Lei Penal na Constituição", *Estudos sobre a Constituição*, Jorge Miranda (Org.), II, Lisboa: Petrony (1978) 197.
1995 "La Inserción del Sistema de Derecho Penal entre una Jurisprudencia de Conceptos y una (Di)solución Funcionalista, *Fundamentos de un Sistema Europeo del Derecho penal. Libro-Homenaje a Claus Roxin*, J.M. Silva Sánchez (Ed.), B. Schünemann, J. de Figueiredo Dias (Coords.), Barcelona: Bosch (1995) 99.

TAVARES, Juarez
1987 "Interprétación, Princípio de Legalidad y Jurisprudência", *Anuario de Derecho Penal y Ciencias Penales* (1987) 753.

TEMPLE LANG, John
1990 "Community Constitutional Law: Article 5 EEC Treaty", *Common Market Law Review* (1990) 645.

TIEDEMANN, Klaus
1985 "Der Allgemeine Teil des Europäischen Supranationalen Strafrechts", *Festschrift für Hans-Heinrich Jescheck zum 70. Geburtstag*, Theo Vogler in Verbindung mit Joachim Herrmann (...) Hrsg., II, Berlin: Duncker & Humblot (1985) 1411.
1987 "L'Influence des Principes Constitutionnels et de la Jurisprudence Constitutionnelle sur le Droit Pénal Allemand", *Revue de Science Criminelle et de Droit Pénal Comparé* (1987) 105.
1990 "Der Strafschutz der Finanzinteressen der Europäischen Gemeinschaft", *Neue Juristische Wochenschrift* (1990) 2226.
1991 "La Tutela Penale degli Interessi Finanziari della Comunità Europea", *Rivista Trimestrale de Diritto Penale dell'Economia* (1991) 513.
1993 "Diritto Comunitario e Diritto Penale", *Rivista Trimestrale de Diritto Penale dell'Economia* (1993) 209.
1998 "L'Europeizzazione del Diritto Penale", *Rivista Italiana di Diritto e Procedura Penale* (1998) 3.

TOCILDO, Susana Huerta
1993 "El Derecho Fundamental a la Legalidad Penal", *Revista Española de Derecho Constitucional* (1993) 81.

TSITSOURA, **Aglaia**
1990 "Faut-il un Droit Pénal Européen?", *Pouvoirs: Revue Française d'Études Constitutionelles et Politiques* (1990) 133.

TULKENS, **Françoise**
1996 "La Justice Pénale et l'Europe. Rapport Introductif", *La Justice Pénale et l'Eeurope. Travaux des Xvémes Journées d'Études Juridiques Jean Dabin organisées par le Département de Criminologie et de Droit Pénal*, Françoise Tulkens e Henry-D. Bosly (Dir.), Bruxelles: Bruylant (1996) 1.

VALIANTE, **Paolo**
1993 "Norme Comunitarie e Diritto Penale. La Qualifica di Pubblico Ufficiale", *Rivista di Diritto Europeo* (1993) 107.

VANNINI, **Alessandra Rossi**
1997 "La Collaborazione Giudiziaria ed il *Corpus Juris* elaborato dalla Comissione Europea", *Rivista Trimestrale di Diritto Penale dell'Economia* (1997) 1285.

VAZ, **Manuel Afonso**
1992 *Lei e Reserva de Lei. A Causa da Lei na Constituição Portuguesa de 1976*, Porto (1992).

VELOSO, **José António**
1999 "Pena Criminal", *Revista da Ordem dos Advogados* (1999) 519.

VERNIMMEN, **Gisèle**
1996 "La Pénalisation du Droit Communautaire et la Communautairisation du Droit Pénal", *La Justice Pénale et l'Eeurope. Travaux des Xvémes Journées d'Études Juridiques Jean Dabin organisées par le Département de Criminologie et de Droit Pénal*, Françoise Tulkens e Henry-D. Bosly (Dir.), Bruxelles: Bruylant (1996) 245.

VERVAELE, **John**
1990 "La Communauté Économique Européenne face à la Fraude Communautaire. Vers un Espace Pénal Communautaire?", *Revue de Science Criminelle et de Droit Pénal Comparé* (1990) 29. (também, com ligeiras actualizações, "La Comunidade Economica Europea Frente al Fraude Comunitario. Hacia un Espacio Penal Europeo?", *Cuadernos de Política Criminal* (1991) 119).

1991a "La Lutte Contre la Fraude Communautaire: une Mise à l'Épreuve de la Loyauté Communautaire des États Membres", *Revue de Science Criminelle et de Droit Pénal Comparé* (1991) 569.
1991b "Subsidy Fraud", *EC Fraud*, Jaap van der Hulst (Ed.), Deventer, Roterdão: Kluwer (1991) 119
1994 "Compétences en Matière de Sanctions Administratives de et dans l'Union Européenne. Vers un Système de Sanctions Administratives Européennes?", *Revue de Droit Pénal et de Criminologie* (1994) 933.

VILLANI, **Ugo**
1992 "Il «Deficit Democratico» nella Formazione delle Norme Comunitarie", *Diritto Comunitario e degli Scambi Internazionali* (1992) 599
1994 "Portata Politica e Rilevanza Giuridica del Principio di Sussidiarietá", *Jus. Rivista di Scienze Giuridiche* (1994) 453.

WHITE, **Simone**
1998 *Protection of the Financial Interests of the European Communities. The Fight against Fraud and Corruption*, Netherlands: Kluwer (1998).

WOLTER, **Jürgen**
1995 "Derechos Humanos y Protécción de Bienes Jurídicos en un Sistema Europeo del Derecho Penal", *Fundamentos de un Sistema Europeo del Derecho penal. Libro-Homenaje a Claus Roxin*, J.M. Silva Sánchez (Ed.), B. Schünemann, J. de Figueiredo Dias (Coords.), Barcelona: Bosch (1995) 37.